Le caractère perfectible des droits de l'homme en Afrique

Lewis Philippe Mayor Mboungou

Le caractère perfectible des droits de l'homme en Afrique

Préface de Christian Aboke-Ndza

L'Harmattan
Congo-Brazzaville

@L'Harmattan Congo Brazzaville,
219, Avenue Nelson Mandela; Brazzaville

http:// www.harmattan-congo.com

ISBN : 978-2-336-53086-4
EAN : 9782336530864

Remerciements

Au Docteur Medoune DIOP, enseignant-chercheur à l'Université Amadou Hampate BA pour son expertise et son accompagnement tout le long du projet.

A monsieur Ricardo Cappelletti, sociologue et collaborateur scientifique à l'Institut des Droits de l'Homme et de la Paix de Dakar pour son analyse scientifique de mon travail.

Enfin, à Fatou Lo ainsi qu'à toutes les personnes qui ont contribué de près ou de loin à la réalisation de ce projet.

Préface

Ce travail est le fruit d'un projet d'écriture mené par M. MBOUNGOU Lewis Philippe Mayor. Il ne s'agit pas nécessairement de réaliser le livre parfait, mais de cultiver le plaisir du lecteur à lire le droit dans des termes simples. Il s'agit d'un livre d'introduction aux droits de l'homme. Il combine différentes connaissances, notamment liées aux fondements des droits de l'homme en Afrique et à leur développement sur le continent.

Il éveille les consciences dans la nécessité de s'en approprier « car garantir la paix et la sécurité passe inévitablement par la lutte contre l'impunité et le respect inconditionnel des droits de l'homme ». Cela met en évidence les défis et les opportunités associés à l'amélioration des droits de l'homme en Afrique.

Son intérêt ne se borne pas, loin de là, il donne une image progressiste desdits droits sur le continent en général. Il souligne l'importance des réformes conventionnelles et institutionnelles, ainsi que le rôle essentiel du législateur.

À l'appui des arguments présentés, les lecteurs trouveront une analyse critique des points clés documentés tout au long du livre. L'ensemble de la réflexion repose sur une compréhension profonde du sujet.

Christian Aboke-Ndza

Directeur de Cabinet du Ministère de la Fonction Publique, du Travail et de la Sécurité Sociale

Introduction

« Priver les gens de leurs droits fondamentaux revient à contester l'humanité même »[1]. *Les hommes étant par nature libres, égaux et indépendants aucun individu ne peut être soumis au pouvoir politique d'un autre sans son consentement* [2], « les Droits de l'Homme sont une chose avec laquelle nous naissons[3]». Également appelés droits humains ou droits de la personne, les droits de l'Homme sont un concept à la fois philosophique, juridique et politique, selon lequel tout être humain possède des droits universels, inaliénables, quel que soit le droit en vigueur ou d'autres facteurs[2] locaux tels que l'ethnie, la nationalité ou la religion. Les droits de l'homme sont des droits innés de l'individu, qu'il possède indépendamment de toute reconnaissance par une autorité politique. Ils ne peuvent être abrogés, sauf dans des circonstances particulières et dans le respect de la légalité.

Les droits de l'Homme sont basés sur le respect de l'individu. Leur principe fondamental est qu'une personne est un être moral et rationnel qui mérite d'être traité avec dignité. Ce sont des prérogatives reconnues à chaque individu. Les droits de l'homme sont antérieurs à l'Etat et ils s'imposent à tous les pouvoirs publics. Dans les pays démocratiques, ils sont repris dans les normes de valeurs constitutionnelles afin de les garantir.

---

[1] Nelson Mandela, Président de la République d'Afrique du Sud de 1994 à 1999, à la suite des premières élections nationales non ségrégationnistes de l'histoire du pays.

[2] John Locke, philosophe anglais (1632 – 1704)

[3] Malcolm X Homme politique (1925 - 1965)

Selon Mario BETATI[4], « les droits de l'homme visent à protéger la liberté de la personne humaine à l'égard des pouvoirs politiques et à assurer sa promotion sociale ainsi que son épanouissement dans la société ».

On les appelle les droits de l'Homme parce qu'ils sont universels. L'universalité des droits de l'homme relève du fait qu'ils concernent tous les êtres humains sans distinction.

La protection des droits de l'homme est une question cruciale, en raison de leurs violations massives et répétées. Dans ce contexte, les systèmes régionaux de protection des droits humains sont essentiels à l'architecture mondiale des droits humains. C'est dans ce sens que s'inscrit le continent africain dans la mise en œuvre des mécanismes y relatifs. Bien que réalisant des progrès significatifs, l'Afrique est confrontée à de nombreux défis en matière des droits de l'Homme. Eu égard à cela, la protection des droits de l'homme reste perfectible.

D'un point de vue historique, le concept de droits de l'Homme a des origines lointaines. Ils existaient avant l'apparition de l'Etat (en 1648 avec les traités de Westphalie). Contrairement aux croyances actuelles, les droits de l'homme ne sont pas l'apanage de l'Occident. On retrouve leurs traces dans presque toutes les cultures du monde. En effet, les origines des droits de l'homme remontent à l'Antiquité. Parmi les textes les plus anciens où sont apparus les droits de l'homme pour la première fois, on compte le Code d'Hammourabi.

---

[4] Mario Bettati est né le 7 novembre 1937 à Nice et mort le 23 mars 2017 à Paris. Professeur de droit public.

Écrit vers 1750 avant Jésus-Christ par le roi babylonien Hammourabi[5], le Code d'Hammourabi[6] est le texte juridique le plus exhaustif connu de la civilisation mésopotamienne. Il contient 282 articles relatifs aux : droit de la famille, droit pénal, droit commercial…

On compte aussi parmi les textes de référence en matière de reconnaissance des droits de l'homme, « Le cylindre de Cyrus »[7]. Ecrit au VI siècle avant Jésus-Christ, par le Roi de Perse Cyrus II[8], il évoque notamment l'abolition de l'esclavage, l'instauration de la liberté de choix de la profession et la tolérance religieuse.

La Magna Carta[9], également connue sous le nom de Grande Charte en latin, a été écrite en 1215. Elle affirme le droit à la liberté individuelle et introduit pour la première

---

[5] Hammourabi est un roi de Babylone, faisant partie de la première dynastie babylonienne, régnant de 1792 av. J.-C. à sa mort en 1750 av. J.-C.

[6] Le code de Hammurabi ou code d'Hammourabi est un code de loi babylonien daté d'environ 1750 av. J.-C., aujourd'hui le plus complet des codes de lois connus de la Mésopotamie antique. En 1901-1902, il a été retrouvé à Suse en Iran, sur une stèle de 2,25 m de haut avec la quasi-totalité du texte en écriture cunéiforme et en langue akkadienne, conservée aujourd'hui au musée du Louvre à Paris.

[7] Le cylindre de Cyrus est une inscription écrite en écriture cunéiforme akkadienne à l'écriture cunéiforme akkadienne par Cyrus le Grand. La construction du cylindre a eu lieu en 539 avant notre ère, sans doute sur ordre de Cyrus le Grand, lors de la prise de Babylone à Nabonide, qui a mis fin à l'empire néo-babylonien. Cet ouvrage est perçu comme un ouvrage de propagande, louant le roi achéménide Cyrus et qualifiant Nabonide de roi impie et mauvais.

[8] Perse Cyrus II dit Cyrus le Grand, est le fondateur de l'Empire perse, de la dynastie des Achéménides, régnant d'environ 559 à 530 av. J.-C.,

[9] L'expression latine Magna Carta, traduite en français « Grande Charte » (ou, en précisant, « Grande Charte d'Angleterre »), désigne la charte obtenue par la noblesse anglaise (les « barons ») du roi Jean sans Terre le 15 juin 1215

fois un principe constitutionnel fondamental : le pouvoir du Roi peut être limité par un acte de concession écrit.

A travers la Charte de Manden, l'Afrique a joué un rôle crucial dans la genèse des droits de l'homme. « Elle a été le théâtre principal de l'émergence de l'homme en tant qu'espèce royale sur la planète ainsi que de l'émergence d'une société politique », déclarait Joseph Ki Zerbo[10].

La Charte de Manden, Charte du Mandé, ou encore, Manden siguika est une référence considérée comme l'ancêtre de la Charte africaine des droits de l'homme et des peuples. Avec une histoire qui remonte à plusieurs siècles, la Charte du Manden est un ancien code moral et juridique qui témoigne de la sagesse et des valeurs des peuples mandingues d'Afrique de l'Ouest. Elle est la transcription d'un contenu oral, lequel remonterait au règne du premier souverain Soundiata Keïta[11] qui vécut de 1190 à 1255. Elle a servi de guide à la société et a influencé les systèmes juridiques et sociaux de nombreuses cultures. La Charte de Manden pose les principes d'harmonie, d'équité, de sagesse, de droiture, d'honneur, de dignité et de responsabilité collective. La Charte assure aux citoyens les droits à la vie, à la liberté, à la sécurité et à la justice.

Elle met en évidence les responsabilités des citoyens envers leur communauté, comme le respect des lois et des coutumes. Elle instaure des dispositifs visant à résoudre les conflits de manière pacifique, en mettant l'accent sur la médiation et la conciliation. La Charte souligne l'importance d'un leadership éthique et responsable.

---

[10] « De la nature brute à une humanité libérée », in Histoire générale de l'Afrique, vol. I, Paris, Jeune Afrique, Stock, U.N.E.S.C.O., 1980, p. 771

[11] Soundiata Keita fondateur de l'un des plus puissants empires de l'Afrique occidentale : l'empire du Mali. Un empire qui fut aussi le berceau de la charte du Manden

Guidées par les sages, ces sociétés adoptaient des organisations politiques plus ou moins démocratiques, car le destin de ces dernières était rarement entre les mains d'un seul homme. Ce qui écartait déjà en ce temps-là l'absolutisme du pouvoir politique[12].

Elle met l'accent sur la justice sociale et l'égalité devant la loi ; encourage le développement durable et le respect de l'environnement.

Selon Gonidec[13] « on était en présence d'un ensemble de règles qui constituaient un ordre coordonné et hiérarchisé, qui étaient susceptibles d'exécution forcée, sanctionnées selon des procédés propres au monde juridique ».

S'il faut reconnaître que, la notion juridique des droits de l'Homme telle qu'on la conçoit aujourd'hui est apparue pour la première fois le 26 août 1789 à travers la Déclaration des Droits de l'Homme et du Citoyen, texte central de la Révolution française. Cette notion n'a su s'inscrire dans un texte à portée juridique que tardivement[14]. Par ailleurs, l'instauration d'une Convention africaine des droits de l'homme est arrivée encore plus tard. Elle a été l'aboutissement d'un long processus historique lié à la colonisation et aux mouvements de lutte pour l'indépendance.

En effet, les conséquences de la colonisation sur les droits de l'homme en Afrique ont été désastreuses. Les régimes coloniaux ont instauré des lois et des pratiques discriminatoires, violant ainsi les coutumes locales et les

---

[12] Taslim Olawale Elias, « La nature du droit coutumier africain », Paris, Présence Africaine, 1961

[13] Pierre-François Gonidec (1914-2008) était un universitaire et auteur français spécialisé dans les études africaines. Il a été professeur et directeur du Centre d'études politiques et juridiques du Tiers Monde de l'Université de Paris-I (Panthéon-Sorbonne)

[14] http://www.nouvelle-europe.eu/d-o-viennent-les-droits-de-l-homme

cultures. Les puissances coloniales ont détourné les ressources naturelles de l'Afrique à leur profit, appauvrissant ainsi les populations locales. Des systèmes de ségrégation et de discrimination ont été instaurés et imposés aux populations indigènes, les privant ainsi de leurs droits fondamentaux et de leur liberté. Les gouvernements coloniaux ont utilisé la violence et l'oppression afin de maintenir leur autorité, ce qui a laissé des séquelles profondes dans les sociétés africaines.

L'indépendance et l'apparition des mouvements de défense des droits de l'homme ont eu un impact considérable. Les peuples africains ont lutté pour leur indépendance et leur souveraineté grâce aux mouvements d'indépendance. La lutte pour l'indépendance a été un moment crucial pour les droits de l'homme en Afrique. Les mouvements indépendantistes ont œuvré pour l'autodétermination et la souveraineté des peuples africains.

Pendant la période des années 1960, les nouveaux États indépendants ont adopté des dispositions et des lois garantissant les droits civiques, inscrivant dans le préambule de leurs constitutions l'attachement aux droits fondamentaux tels qu'ils sont définis dans la Déclaration des droits de l'homme et du citoyen de 1789 et dans la Déclaration universelle du 10 décembre 1948. Tel fut le cas du Sénégal à travers la Constitution du 26 août 1960, de la République Démocratique du Congo dans sa Constitution du 1er août 1964 et de la République du Congo à travers les dispositions de la Constitution du 8 décembre 1963 dans son "Titre II. Ces dispositions font état de la liberté publique et de la personne humaine," notamment dans son article 5 en ces termes : « La personne humaine est sacrée. L'Etat a l'obligation de la respecter et de la protéger. Chacun a droit au libre développement de sa personnalité dans le respect des droits d'autrui et de l'ordre public. La liberté de la personne humaine est inviolable (…) ».

Cependant, la période post-indépendance s'est caractérisée par les conflits armés, les dictatures et les violations des droits. En effet, en dépit des mouvements d'indépendance, l'Afrique a fait face à de multiples difficultés, telles que les guerres, les régimes dictatoriaux et les violations systématiques des droits de l'homme. De nombreux pays africains ont été soumis à des dictatures, les cas de : l'Empereur Jean-Bedel Bokassa de 1921-1996, en Centrafrique, le Maréchal-président Mobutu Sese Seko (1930-1997), au Zaïre, Idi Amin Dada (1928-2003), en Ouganda. Le règne de ces dirigeants a entraîné une oppression des populations et des violations des droits fondamentaux, de la liberté d'expression ainsi que de la participation à la vie politique.

Les atteintes aux droits de l'homme étaient fréquentes sous forme de torture, exécutions sommaires et extrajudiciaires, incarcérations arbitraires et discriminations.

En parallèle, il faut aussi reconnaître que les événements de la Seconde Guerre mondiale vont réellement faire émerger les droits de l'Homme sur la scène internationale. Les atrocités subies par les victimes de ladite guerre ont rendu indispensable la formation d'un accord international visant à préserver et à définir les droits de l'Homme. Pour ce faire, les 54 États membres des Nations Unies ont adopté le 10 décembre 1948 la Déclaration Universelle des Droits de l'Homme[15] (aujourd'hui l'instrument global majeur en matière de droits de l'homme). Selon cette Déclaration, les droits à la liberté, à l'égalité et à la dignité sont des droits inhérents à chaque personne, tandis que les droits à la vie, à la dignité sont inaliénables. Elle garantit à la fois des droits

[15] DUDH : est un texte adopté par l'Assemblée générale des Nations unies le 10 décembre 1948 à Paris.

civils et politiques, et des droits sociaux, économiques et culturels.

Au fil du temps, d'autres instruments consacrant la protection des droits de l'homme ont vu le jour au niveau régional, parmi lesquels :

- la Convention de sauvegarde des droits de l'homme et des libertés fondamentales, plus connue sous le nom de Convention européenne des droits de l'homme. Elle a été ouverte à la signature à Rome le 4 novembre 1950 et est entrée en vigueur le 3 septembre 1953. Cette Convention a été le premier instrument concrétisant et rendant contraignants certains des droits énoncés dans la Déclaration universelle des Droits de l'Homme ;

- la Convention américaine relative aux droits de l'homme de juillet 1978, de la Commission et de la Cour inter américaine des droits de l'homme ;

- la Charte africaine des droits de l'homme et des peuples, également appelée Charte de Banjul, adoptée en juin 1981 par la Conférence des États de l'Organisation de l'unité africaine (OUA).

Des progrès significatifs ont été réalisés dans la protection des droits de l'homme en Afrique. Depuis, de nombreux traités et conventions au niveau régional relatifs aux droits de l'homme ont été mis en place, créant un cadre juridique pour la protection des droits de l'homme. Des institutions nationales des droits de l'homme ont été établies dans de nombreux pays africains afin de favoriser et de préserver les droits fondamentaux.

Le Continent a marqué un grand pas avec l'adoption par les pays africains de la Charte africaine des droits de l'homme et des peuples (CADHP)[16] le 1er juin 1981 par la Conférence des Chefs d'Etat et de gouvernement de l'OUA[17], ancêtre de l'Union africaine (UA)[18], à laquelle tous les Etats membres sont actuellement parties, et qui est entrée en vigueur le 21 octobre 1986.

De nos jours, la consécration à travers les instruments juridiques de protection des droits de l'homme n'est plus à démontrer, car il existe plusieurs instruments au niveau régional, parmi lesquels, on peut citer :

- la Charte africaine des droits et du bien-être de l'enfant, adoptée à la 26ème Session Ordinaire de la Conférence des Chefs d'Etat et de Gouvernement de l'OUA, le 11 juillet 1990, à Addis-Abeba, en Ethiopie. Elle est entrée en vigueur le 29 novembre 1999 ;

- la Convention de l'OUA sur la prévention et la lutte contre le terrorisme, adoptée lors de la 35ème Session Ordinaire de la Conférence des Chefs d'Etat et de Gouvernement de l'OUA, à Alger, le 14 juillet 1999, est entrée en vigueur le 6 décembre 2002.

---

[16] La CADHP : la Convention africaine des droits de l'homme, adoptée par la Conférence des Chefs d'Etats et de gouvernement de l'OUA le 27 juin 1981.

[17] L'OUA : C'est l'organisation panafricaine créée en 1963 à Addis-Abeba (Ethiopie). Elle regroupe tous les pays africains qui forment actuellement l'Union africaine (UA) qui a pris sa succession le 26 mai 2001

[18] L'UA : son acte constitutif est signé à Lomé le 12 juillet 2002 à la suite des sommets extraordinaires de l'OUA de Syrte (du 6 au 9 septembre 1999) et de Tripoli (du 1er au 6 juin 2002) alors que sa naissance officielle a été consacrée par le sommet de Durban de juillet 2002

Cependant, malgré l'implication de bon nombre d'institutions, le respect des droits de l'homme varie selon les pays.

L'Afrique fait face à un défi complexe et varié en matière de droits de l'homme qui diffère considérablement selon les pays et les régions. On peut classer ces difficultés en plusieurs catégories, telles que celles liées aux droits civils et politiques, aux droits économiques et sociaux, ainsi qu'aux droits des groupes particuliers.

De nos jours, il est essentiel que la communauté internationale transmette un sentiment d'urgence afin de mettre fin aux violations des droits de l'homme. En effet, même si près de 200 États sont reconnus par l'Organisation des Nations Unies, plusieurs d'entre eux ne sont pas reconnus pour leur respect des droits humains[19].

Si cela peut s'expliquer par des facteurs sociaux, notamment à cause du fait qu'ils riment avec l'exclusion sociale, la perte de l'identité sociale et individuelle, et la marginalisation, le caractère perfectible des droits de l'homme est le facteur juridique qui l'explique.

Dans un continent plus connu pour l'impunité de ceux qui gouvernent, continent où la résurgence des conflits bat son plein et où les droits de l'homme ne sont pas respectés, les droits civils et politiques se heurtent à de nombreux obstacles (limitation de la liberté d'expression, les répressions politiques). Il en est de même pour les Droits économiques et sociaux (pauvreté et inégalités).

---

[19] Freedom House (c'est une organisation non gouvernementale indépendante qui soutient l'expansion des libertés dans le monde. L'organisation soutient le changement démocratique, surveille l'état de la liberté dans le monde et défend la démocratie et les droits de l'Homme)

Cependant, même s'il existe d'importantes limites en matière de droits de l'homme en Afrique, de nombreuses initiatives visent également à résoudre ces problèmes. Le Continent a réalisé des progrès importants en faveur des droits de l'homme. En effet, en 2004, l'Union africaine (UA) a officiellement établi la Cour africaine des droits de l'homme et des peuples.

Il faut rappeler que l'idée de la réglementation des droits de l'homme en Afrique, a été exprimée pour la première fois en 1961 à l'occasion du Congrès africain au sujet de la primauté du droit tenu à Lagos (Nigéria) par la Commission internationale des juristes. Dans la déclaration finale intitulée « Acte de Lagos », les congressistes, provenant des différents Etats d'Afrique et de 9 Etats d'autres continents, avaient suggéré l'adoption « d'une Convention africaine des droits de l'homme prévoyant la création d'une Cour appropriée et des voies de recours ouvertes à toutes les personnes relevant de la juridiction des Etats signataires[20] ».

À la suite de nombreuses négociations, l'étape suivante fut celle de l'élaboration et de l'adoption de la CADHP en réaction à certains régimes dictatoriaux d'Afrique centrale et équatoriale. Par rapport à d'autres systèmes régionaux, la CADHP traduit, à n'en point douter, la vision africaine des droits humains et exprime une « conception globalisante des droits de l'homme ». Pour donner corps aux droits de l'homme en Afrique, la CADHP a mis sur pied une Commission africaine des droits de l'homme et des peuples (Commission ADHP), entrée en fonction le 2 novembre 1987, qui exerce le rôle d'organe de promotion et de protection des droits de l'homme sur le continent,

[20] Professeur K. de BANA, « Présentation et analyse de la Charte Africaine des Droits de l'Homme et des Peuples », Centre des Droits de l'Homme de l'Université PARIS X-NANTERRE, 21 février 1989, pp.6-7.

conformément à la mission qui lui a été confiée par la CADHP (article 45).

Mais suite à de nombreux problèmes liés notamment à l'absence de forces contraignantes de ses décisions, de leur application par les Etats, est née la nécessité de créer un véritable organe juridictionnel garantissant efficacement le respect des droits l'homme en Afrique. C'est en réaction à l'inefficacité de ce mécanisme que l'un des « pères fondateurs » du système africain de protection des droits de l'homme, le juge Kéba MBAYE affirmait en 1992 : « Il faut bien sûr reconnaître qu'il est loin d'être parfait. Il y manque notamment une Cour des droits de l'homme, mais ce n'est pas une omission (…). Néanmoins, le moment est venu de revenir sur la question ».

Dans le but de dissuader toute tentative de violation des droits de l'homme et de mettre un terme à l'impunité, les Etats africains ont franchi une étape décisive. L'Afrique s'est ainsi arrimée à l'ordre juridique international à travers l'adoption du Protocole additionnel à la Charte africaine portant création d'une Cour africaine des droits de l'homme et des peuples, lors de la 34eme session ordinaire du sommet des Chefs d'Etat et de gouvernement tenu à Ouagadougou au Burkina Faso, le 09 juin 1998.

En réalité, « l'entrée en vigueur du Protocole, six ans plus tard, soit le 25 janvier 2004, va libéraliser le processus d'opérationnalisation de la Cour AFDHP, pour lequel il aura fallu attendre près de deux ans pour sa mise en place, notamment par l'élection des premiers juges. Il a encore fallu trois années supplémentaires avant que la Cour ne soit confrontée à des problèmes de siège, d'installation et d'élaboration de son règlement intérieur. La Cour rendra enfin son premier arrêt, le 15 décembre 2009[21].

---

[21] l'affaire Yogogombaye c. Sénégal (15 décembre 2009)

Toutefois, la création de la Cour africaine a été l'aboutissement d'un long processus, selon l'expression de Modibo Toundy Guindo[22] pour qui cela a été « un si long chemin, construit grâce à la vision, à la conviction, à la détermination et au combat inlassable de femmes et d'hommes pétris d'un idéal tout à fait simple, la liberté dans la dignité, mais ô combien ardu à réaliser, à vivre, à conquérir et à sauvegarder toute une vie »[23] . Donc, l'adoption de ce Protocole dans le cadre de l'UA marque formellement la volonté des États africains de créer un organe concret de sanction des violations des droits de l'Homme en Afrique.

Pourtant, dès sa création, la Cour AFDHP a frôlé le risque d'être un « organe judiciaire mort-né ». En effet, il était prévu à l'origine une fusion entre ce qui est aujourd'hui la Cour africaine des droits de l'Homme et des peuples et la Cour de justice de l'Union africaine en une Cour africaine de justice et des droits de l'Homme, pour des raisons sans doute financières. Toutefois, dans l'attente de cette fusion, la Cour africaine des droits de l'homme et des peuples est bel et bien opérationnelle, depuis 2006 : elle a inauguré sa jurisprudence le 15 décembre 2009 dans l'affaire Michelot Yogogombaye.

Depuis plusieurs années, à mesure que la démocratie gagne du terrain sur le Continent, il est plus souvent admis que le respect des droits de l'Homme est essentiel à la sécurité et au développement de l'Afrique. Les institutions

---

[22] Modibo Tounty Guindo est un Magistrat au service du ministère malien de la Justice et siège à la Cour africaine des droits de l'Homme et des peuples. Il a agi comme Conseiller technique au ministère de la Justice et a été membre de la délégation malienne à la Conférence 2003 des structures gouvernementales chargées des droits de l'Homme dans la zone francophone.

[23] Guide de la FIDH pour comprendre et utiliser la Cour Africaine des droits de l'Homme et des peuples

africaines sont de plus en plus nombreuses à se pencher sur les différents aspects des droits de l'Homme[24].

Cependant, malgré les efforts réalisés et la présence de mécanismes de protection, les conflits armés, l'instabilité politique, la pauvreté, les inégalités, les questions de gouvernance et de corruption constituent des problèmes majeurs auxquels le continent reste confronté. On observe de nombreuses violations des droits de l'homme, notamment en ce qui concerne la liberté d'expression, la liberté d'association, les droits électoraux.

En effet, aucun des 55 pays africains ne figure dans le top dix des pays des droits de l'Homme. Cet état de choses constitue un défi que les États doivent relever au regard de la constante évolution de l'exigence des populations. En effet, seuls 30 sur les 55 États membres de l'UA, ont ratifié le protocole de Ouagadougou. Dix autres ont réalisé une déclaration de compétence et 4 ont décidé de retirer leur déclaration. Ainsi, le Rwanda est le premier pays ayant supprimé ce droit en 2016. Il a été suivi de la Tanzanie, du Bénin et de la Côte-d'Ivoire, ce qui porte à quatre le nombre de pays qui restreignent désormais l'accès à cette voie vitale vers la justice.

Dans cette optique, se demander si le continent relèvera le défi susmentionné est tout à fait légitime. C'est, d'une part, se demander si l'UA est prête à mettre en place les moyens préventifs et répressifs nécessaires pour promouvoir les droits de l'Homme. Cette implication de l'UA est ici conforme au droit et à la justice, pensés comme irréductibles à la légalité, et a donc une raison d'être, la question étant alors d'évaluer le degré de cette implication. Mais c'est encore, d'autre part, se demander si les États sont

---

[24] https://www.un.org/africarenewal/fr/magazine/juillet-2004/plus-grande-priorit%C3%A9-aux-droits-de-lhomme

prêts à fournir les efforts nécessaires et les sacrifices qui s'y prêtent pour garantir au maximum les droits de l'Homme, au regard de leur souveraineté et de la gestion au niveau interne.

À cet égard, il est nécessaire de se poser la question suivante : quels mécanismes devront-ils mettre en place pour mieux garantir la protection des droits de l'homme en Afrique ?

Répondre à cette question renvoie à mettre en exergue les défis dont l'Afrique doit faire face en matière de protection des droits de l'homme.

La recherche s'emploie à apporter les éléments de réponses à ces interrogations grâce à une analyse sociojuridique qui se basera principalement sur les textes internationaux appropriés et à la jurisprudence.

Nous nous baserons non seulement sur la fonction cruciale de l'UA dans la sauvegarde des droits de l'homme sur le plan régional, mais également sur celle des États en interne. Par conséquent, cette étude se situe non seulement dans le domaine du droit international, mais également dans celui du droit interne en prenant en considération la dimension sociale.

Il faut noter que ce document ne s'adresse pas seulement aux praticiens de droits, mais aussi à toutes les autres personnes intéressées par la situation des droits de l'homme en Afrique. Ce qui justifie une certaine liberté dans la méthode. L'étude ne procèdera pas au traitement des violations des droits au cas par cas, mais tiendra compte de la situation des droits de l'homme dans sa globalité en s'appuyant sur certains exemples.

1 Les limites relatives aux droits de l'Homme en Afrique

L'Union Africaine dispose des instruments nécessaires pour garantir le respect des droits de l'Homme et des peuples mais, ces instruments ne sont pas suffisants pour maintenir la paix et la justice dans le continent. Le système africain de promotion et de garantie des droits de l'Homme et des peuples ne fait pas l'unanimité. Malgré l'adoption des différents mécanismes de protection, le système présente des limites qui l'empêchent d'être efficace. Ces limites sont, d'une part, d'ordre conventionnel (1) et d'autre part, d'ordre institutionnel (2).

1.1 Les limites d'ordre conventionnel

Les limites d'ordre conventionnel ici ne portent pas sur la production de textes. Le continent africain est en effet le continent le plus fournit au détriment d'autres continents en la matière. Il dispose de plusieurs conventions parmi lesquelles :

- la Convention africaine pour la conservation de la nature et des ressources naturelles, adoptée par la Conférence des Chefs d'Etat et de Gouvernement de l'OUA, le 15 septembre 1968, à Alger (Algérie), entrée en vigueur le 16 juin 1969 ;

- la Convention de l'OUA régissant les aspects propres aux problèmes des réfugiés en Afrique, adoptée par la Conférence des Chefs d'Etat et de Gouvernement de l'OUA, le 10 septembre 1969, à Addis-Abeba (Ethiopie), entrée en vigueur le 20 juin 1974 ;

- la Charte culturelle de l'Afrique adoptée à la 13ème Session Ordinaire de la Conférence des Chefs d'Etat et de

Gouvernement de l'OUA, le 5 juillet 1976, à Port Louis, Île Maurice ;

- la Convention de l'OUA sur l'élimination du mercenariat en Afrique, adoptée par la Conférence des Chefs d'Etat et de Gouvernement de l'OUA, le 3 juillet 1977, à Libreville (Gabon), entrée en vigueur le 22 avril 1985 ;

- la Charte africaine des droits de l'Homme et des peuples, adoptée à la 18ème Session Ordinaire de la Conférence des Chefs d'Etat et de Gouvernement de l'OUA le 27 juin 1981, à Nairobi (Kenya), entrée en vigueur le 21 octobre 1986 ;

- la Charte africaine des droits et du bien-être de l'enfant, adoptée à la 26ème Session Ordinaire de la Conférence des Chefs d'Etat et de Gouvernement de l'OUA, le 11 juillet 1990, à Addis-Abeba (Ethiopie), entrée en vigueur le 29 novembre 1999 ;

- le Protocole relatif à la Charte africaine des droits de l'Homme et des peuples portant création d'une cour africaine des droits de l'Homme et des peuples, adopté à la 34ème Session Ordinaire de la Conférence des Chefs d'Etat et de Gouvernement de l'OUA, le 9 juin 1998, à Ouagadougou, au Burkina Faso ;

- la Convention de l'OUA sur la prévention et la lutte contre le terrorisme, adoptée lors de la 35ème Session Ordinaire de la Conférence des Chefs d'Etat et de Gouvernement de l'OUA, à Alger, le 14 juillet 1999 ; elle est entrée en vigueur, le 6 décembre 2002 ;

- le Protocole de la Charte africaine des droits de l'Homme et des peuples relatif aux droits de la femme en Afrique, adopté le 12 juillet 2003, à Maputo, Mozambique, par la 2ème Session Ordinaire de la Conférence des Chefs d'Etat et de Gouvernement de l'Union africaine ;

• la Convention de l'Union Africaine sur la prévention et la lutte contre la corruption, adoptée à Maputo, (Mozambique), lors du Sommet des Chefs d'Etat et de Gouvernement de l'Union Africaine, du 10 au 12 juillet 2003[25].

Cependant, cette multiplicité d'instruments juridiques ne garantit pas toujours l'efficacité de la protection des droits de l'Homme.

Il faut noter que, malgré cette variété, la Charte africaine des droits de l'homme et des peuples (CADHP) est l'instrument privilégié auquel l'UA et les Etats s'appuient au détriment d'autres conventions. Pourquoi donc ne pas se référer à ces instruments pour appuyer davantage les droits protégés par la CADHP ? L'interrogation n'est pas sans intérêt, car de nombreuses violations des droits de l'Homme font référence aux droits politiques, aux droits des femmes… L'UA privilégie la Charte africaine en raison de son cadre juridique solide pour la préservation des droits humains. La Charte a une portée plus étendue que celle des autres conventions, ce qui lui permet de s'appliquer à une plus grande variété de droits humains. En plus, tous les États membres de l'Union africaine ont ratifié la Charte.

Parmi les obstacles à l'utilisation des autres conventions par les États africains, on compte les disparités culturelles, les priorités politiques et la souveraineté nationale. Les valeurs et les traditions culturelles de certains pays africains peuvent être considérées comme incompatibles avec certaines dispositions des autres conventions internationales. Dans certains contextes, la question des droits sexuels et reproductifs peut susciter des débats et des résistances.

---

[25] https://jfaki.blog/wp-content/uploads/2017/12/DH-AFRIQUE-RECUEIL-DE-DOCUMENTS.pdf

Il est possible que certains États africains aient du mal à accepter des obligations internationales qui pourraient être considérées comme une violation de leur souveraineté. Ils peuvent avoir des inquiétudes quant à l'impact de l'application de certaines conventions internationales sur leurs affaires intérieures.

Cette priorisation de la Charte constitue une limite dans la garantie de la protection des droits de l'homme. En effet, les autres conventions abordent différents aspects des droits humains, tels que les droits des femmes, des enfants, des réfugiés et des personnes en situation de handicap. L'objectif de ces conventions est d'assurer des protections spécifiques à ces groupes vulnérables.

1.1.1 Les limites liées au flou juridique

Le flou juridique désigne la confusion et l'ambiguïté des mots et des expressions employées dans le texte de loi et les discours juridiques. La complexité du langage juridique peut expliquer cette ambigüité ; le domaine juridique est souvent très technique et spécialisé. Ce qui peut compliquer la compréhension de certains termes pour les personnes non-initiées. Le flou juridique renvoie donc à la situation d'incertitude, concernant les règles juridiques précises qui doivent s'appliquer dans certains cas.

En matière de protection des droits de l'homme, le jargon utilisé n'est malheureusement pas souvent compris par la majorité de la population et est même sujet d'interrogation pour le juriste en raison du flou qui l'entoure.

Avec un taux d'analphabétisme très élevé, le continent est exposé à un problème de diffusion de ces droits relatifs à la langue d'usage. En effet, la plupart des conventions sont soit en anglais, soit en français. Certes, ce sont des langues parlées en Afrique, cependant on ne les retrouve malheureusement que dans les villes principales (capitales politiques et capitales économiques). Si au Sénégal, par exemple, la langue la plus parlée est le wolof, au Mali, on retrouve le bambara, en République du Congo, on retrouve le Lingala et le Kituba. Dans l'espace africain, on retrouve généralement le swahili, l'arabe, le haoussa, le yorouba et l'oromo. À cela s'ajoute le dialecte propre à chaque groupe ethnique ; ce qui soulève en même temps la question des Autochtones. Cela témoigne de la diversité culturelle, mais surtout linguistique, dont dispose le continent. La compréhension des droits de l'homme devient alors ardue. Peu sont les termes juridiques susceptibles de trouver leur répondant[26] dans ces dialectes et cela peut poser un problème dans la transposition juridique.

Si le problème lié aux langues est une question primordiale pour les personnes lambda, il suscite aussi des interrogations pour les juristes. Le problème ici relève du sens des mots. En effet, « mal nommer les choses, c'est ajouter au malheur du monde », disait Albert Camus. En d'autres termes, le sens des mots, leurs définitions, leurs significations nécessitent une précision telle celle d'un chirurgien dans un bloc opératoire, car une mauvaise interprétation peut causer des controverses à n'en plus finir. Si la règle de droit est une règle de conduite, une norme juridique, ayant un caractère général, abstrait et obligatoire, elle doit être claire, simple et précise. Il en va de même au niveau interne qu'au niveau international.

Au niveau régional, certains termes font l'objet de bon nombre de controverses : tel est le cas du concept « peuple » faisant partie de la Charte africaine des droits de l'Homme et des peuples, il en est de même pour la définition du terme

---

[26] Sosie, réplique

« enfant » dans la Charte africaine des droits et du bien-être de l'enfant.

Concernant le concept « peuple », il n'a pas été défini par la Charte. Selon le professeur FALL Alioune B[27], le mot « peuple » peut revêtir plusieurs sens selon que l'on se situe à tel ou tel niveau. Ainsi, tantôt le mot « peuple » renvoie à la notion de « peuple-État », tantôt à celle de « peuple-population » ou de « peuple dominé ». Le concept est plus ambigu encore lorsqu'il trouve sa signification dans la notion « d'ethnie ». Il en ressort un certain pessimisme quant à la portée d'un tel concept dans l'affirmation des droits de l'Homme sur le continent africain.

Quant à l'Honorable juge Fatsah OUGUERGOUZ[28], il privilégie une approche positiviste lorsqu'il affirme : « La seule acception du concept de "peuple" qui soit toutefois transposable à l'ensemble des dispositions pertinentes de la Charte Africaine est celle dans laquelle le "peuple" est assimilé au peuple constitutif d'un État ».

Par conséquent, il apparait clairement pour nous que les rédacteurs de la Charte ne fournissent pas de renseignements précis quant aux contours dudit concept. Dès lors, les droits collectifs risquent de desservir les libertés individuelles.

---

[27] Alioune Badara FALL, Professeur des universités à l'Université de Bordeaux, Rapporteur

[28] De nationalité algérienne, le Juge Ouguergouz est licencié en droit de l'Université de Saint-Etienne (France) et titulaire d'un doctorat en droit international de l'Institut Universitaire de Hautes Études Internationales de Genève (Suisse). Il a été Expert indépendant sur la situation des droits de l'homme au Burundi (nommé par le Conseil des droits de l'homme des Nations Unies, 2010-2011). Jusqu'en novembre 2006, il était Secrétaire de la Cour internationale de Justice (La Haye) où il a exercé pendant douze ans

Selon les termes de la Charte africaine des droits et du bien-être de l'enfant, « on entend par "Enfant" tout être humain âgé de moins de 18 ans ». Cette définition semble être incomplète pour plusieurs raisons. D'abord, il faut tenir compte de la diversité culturelle et de l'influence permanente de la tradition qui remet en cause cette définition. En général, selon les traditions africaines, être un enfant ne se limite pas à l'âge mais plutôt au statut social.

L'éducation au sein de la famille africaine, revient à toute la concession[29], la famille restreinte n'existe pas comme valeur. Dans beaucoup de familles, seule l'accession au mariage met fin à l'enfance[30]. Ce qui revient à dire qu'on peut avoir plus de 18 ans, être en bonne santé, vivre chez ses parents et être considéré comme un enfant.

Ensuite, si l'enfance est synonyme d'innocence, dans un continent particulièrement touché par des crises politiques, il n'est pas étrange de rencontrer deux adolescents du même âge ayant chacun un statut opposé. Le cas échéant est celui d'un adolescent qui doit travailler tous les jours pour nourrir sa famille à l'opposé de celui dont les parents assurent le bien-être. En effet, le phénomène d'enfants travailleurs est très répandu dans les sociétés africaines. Cela s'explique par la pauvreté, l'endettement, les catastrophes naturelles, la recherche effrénée d'un meilleur train de vie et la main d'œuvre à bon marché. Il parait clair que les droits et la protection accordés aux deux adolescents ne doivent pas être les mêmes[31].

---

[29] M. Timera, Les Soninké en France. D'une histoire à l'autre, Paris, éd. Karthala, 1996.

[20] P. Erny, L'enfant et son milieu en Afrique noire, Paris, L'harmattan, 1987.

[30] P. Erny, L'enfant et son milieu en Afrique noire, Paris, L'harmattan, 1987.

[31] Business and Human Rights Resource Center, 2011

Enfin, on observe aussi le phénomène d'enfant soldat. C'est pourquoi, les milices, les forces de résistance et les organisations terroristes recrutent des enfants pour en faire des soldats avec l'intention de les utiliser comme combattants, boucliers humains, esclaves sexuels, cuisiniers ou espions[32].

Au vu de ce qui vient d'être mentionné, considérer un « enfant » en tenant compte exclusivement du critère d'âge, constitue une limite considérable au vu de l'application de la Charte africaine des droits et du bien-être de l'enfant.

1.1.2 **Les limites liées aux contenus des traités et conventions**

La Charte africaine des droits de l'Homme et des peuples est l'instrument principal de protection des droits de l'Homme dans le continent. Selon son article premier, « les États membres de l'Organisation de l'Unité Africaine, parties à la présente Charte, reconnaissent les droits, devoirs et libertés, énoncés dans cette Charte et s'engagent à adopter des mesures législatives ou autres pour les appliquer ». Elle prône les principes d'égalité[33], d'inviolabilité[34], de dignité[35] de liberté et de sécurité[36]. À la différence des textes relatifs à la protection des droits humains tels que la Déclaration des Droits de l'Homme et du Citoyen de 1789[37],

---

[32] https://blogs.unicef.org/fr/blog/les-enfants-africains-dans-les-conflits-et-les-crises

[33] Article 3 de Charte africaine des droits de l'Homme et des peuples

[34] Article 4 de Charte africaine des droits de l'Homme et des peuples

[35] Article 5 de Charte africaine des droits de l'Homme et des peuples

[36] Article 6 de Charte africaine des droits de l'Homme et des peuples

[37] https://www.conseil-constitutionnel.fr/le-bloc-de-constitutionnalite/declaration-des-droits-de-l-homme-et-ducitoyen-de-1789

la Déclaration Universelle des droits de l'Homme[38], le Pacte international relatif aux droits civils et politiques[39] ou même la Convention de sauvegarde des droits de l'Homme et libertés fondamentales[40], la Charte africaine des droits de l'Homme consacre non seulement les droits, mais aussi les devoirs de l'Homme. Cette singularité inhabituelle suscite chez les doctrinaires, un certain nombre d'interrogations et d'inquiétudes. En consacrant les devoirs de l'individu, les rédacteurs ne reprennent-ils pas d'une main ce qu'ils donnent de l'autre ?

En effet, la véritable question qui se pose ici est celle de la portée juridique de ces devoirs. L'article 27 (1)[41] de la Charte en est le parfait exemple. Les dispositions de cet article semblent menacer directement la liberté de l'individu dans la mesure où elles l'assujettissent à certaines contraintes qui lui sont applicables[42].

En outre, l'absence de dérogation dans la Charte en constitue une limite majeure. En effet, la Charte ne prévoit pas une clause générale de dérogation qui permet aux États, en cas de situation d'urgence nationale ou de circonstance

---

[38] La Déclaration universelle des droits de l'Homme Adoptée par l'Assemblée générale des Nations Unies dans sa résolution 217 A (III), le 10 décembre 1948

[39] Pacte international relatif aux droits civils et politiques Adopté par l'Assemblée générale dans sa résolution 2200 A (XXI) du 16 décembre 1966. Entrée en vigueur : le 23 mars1976

[40] La Convention de sauvegarde des droits de l'Homme et libertés fondamentales, plus connue sous le nom de Convention européenne des droits de l'Homme a été ouverte à la signature à Rome le 4 novembre 1950 et est entrée en vigueur le 3 septembre 1953.

[41] Article 27(1) de Charte africaine des droits de l'homme et des peuples « Chaque individu a des devoirs envers la famille et la société, envers l'Etat et les autres collectivités légalement reconnues et envers la Communauté Internationale ».

[42] https://books.openedition.org/iheid/2208?lang=fr

exceptionnelle, de suspendre momentanément l'application de certains droits fondamentaux. Ainsi, « la Charte africaine ne contient pas de clause d'exception et n'autorise donc aucune dérogation aux droits qu'elle énonce »[43]. L'une des préoccupations et non la moindre, concernant la protection des droits de l'Homme en Afrique, est celle qui porte sur le contenu du protocole[44] de Malabo.

Selon ce Protocole, la Cour africaine de justice et des droits de l'Homme (CAJDH), qui n'est pas encore effective, aura des compétences étendues afin de couvrir les crimes relevant du droit international et les crimes transnationaux.

Dans son article 46A bis, il dispose : « aucune procédure pénale n'est engagée ni poursuivie contre un Chef d'État ou de gouvernement de l'UA en fonction, ou toute personne agissant ou habilitée à agir en cette qualité ou tout autre Haut Responsable public en raison de ses fonctions ». En des termes clairs, les Chefs d'Etats, les Chefs politiques et les Chefs militaires, ayant commis des infractions qui portent atteinte aux valeurs de l'humanité toute entière, communes à toutes les sociétés[45] ne pourront être jugés. Cependant, ils ne pourront l'être que lorsqu'ils ne seront plus en fonction. Cela constitue une limite au respect des droits de l'Homme et encourage les Hauts Responsables à

[43] Amnesty International, Pour des procès équitables, EFAI, Paris, 2001, p. 160

[44] Il nécessite de noter qu'un protocole est un acte modifiant ou complétant un traité ou une convention. Le Protocole de Malabo est un instrument juridique déterminant

[45] DELMAS-MARTY, Les crimes internationaux peuvent-ils contribuer au débat entre universalisme et relativisme des valeurs ? Dans DELMAS MARTY, Mireille & CASSESE, Antonio (Orgs). Crimes internationaux et juridictions internationales. Trans. Silvio Antunha. Barueri, Manole, 2004, p. 61-72.

étendre davantage leur mandat de commandement, voire à instrumentaliser le pouvoir.

Cette disposition n'a pas reçu l'assentiment de tout le monde. Elle a été considérée comme un coup dur pour les militants des droits de l'Homme. Netsanet Belay, Directeur de la recherche et du plaidoyer pour l'Afrique à Amnesty International, a déclaré sur le site Internet de l'ONG que "la décision ne peut être justifiée, car elle porte atteinte à l'intégrité et aux droits humains des tribunaux africains avant même qu'ils ne soient opérationnels".

La fédération internationale pour les droits humains (FIDH)[46], consciente du changement de perspective, a cosigné une lettre aux États membres de l'UA. La Ligue internationale des droits de l'Homme a fait valoir qu'accorder l'immunité aux Chefs d'État en exercice et à d'autres Hauts Responsables pour des crimes graves représenterait un "abandon considérable" de certains des objectifs des institutions du continent. Il s'agit notamment du rejet catégorique de l'impunité par les membres de l'Union, et de l'engagement de l'UA à intervenir dans les affaires des États membres en cas de génocide, de crimes de guerre et de crimes contre l'humanité.

Normalement, une personne ayant commis des infractions doit être jugée au détriment de son rang social et de sa fonction au sein de la société. Cela doit d'abord se faire devant les juridictions internes avant de porter l'affaire devant les juridictions internationales (la CPI). Malheureusement, les juridictions internes ont tendance à

---

[46] La FIDH (Fédération internationale pour les droits humains) est une ONG internationale de défense des droits humains. Elle regroupe 192 organisations nationales de défense des droits humains dans 117 pays. Depuis 1922, la FIDH est engagée dans la défense de tous les droits civils, politiques, économiques, sociaux et culturels tels que définis dans la Déclaration universelle des droits de l'Homme.

se déclarer incompétentes en la matière ; cela témoigne des insuffisances institutionnelles dont dispose le continent dans la garantie des droits de l'Homme.

1.2 Les insuffisances d'ordre institutionnel

Les insuffisances d'ordre institutionnel ici, sont comprises comme celles qui concernent les États d'Afrique, au niveau régional et au niveau national.

1.2.1 Au niveau régional

Il convient de rappeler tout d'abord le rôle de l'ONU. En effet, l'Organisation des Nations Unies exécute une large gamme d'activités visant à réaliser l'un de ses principaux objectifs, la promotion et la protection des droits de l'Homme. À cet effet, un système complexe a été mis en place en vertu de divers pactes et conventions internationaux pour élaborer des normes, surveiller l'application, promouvoir le respect et pour enquêter sur les violations des droits de l'Homme. Outre ces activités, l'Organisation des Nations Unies fournit une assistance concrète aux États dans les efforts qu'ils déploient pour protéger et promouvoir les droits de l'Homme. De même qu'elle informe les populations des droits auxquels elles peuvent prétendre[47].

Dans son rôle de promotion et de protection des droits de l'Homme, l'ONU est aussi confrontée à certains défis liés :

- au droit de véto qui entraine la politisation des choix décisionnels (les intérêts géopolitiques des États membres

---

[47]https://www.ohchr.org/sites/default/files/Documents/Publications/FactSheet19fr.pdf

ont souvent une influence sur les décisions de l'ONU, ce qui peut nuire à sa neutralité et à son objectivité) ;

- à l'ingérence politique (les pays peuvent employer leur poids politique pour entraîner ou altérer les résolutions de l'ONU afin de favoriser leurs propres agendas).

Malgré la bonne volonté des Nations Unies, en pratique, force est de constater les limites qui empiètent à l'efficacité de la protection des droits de l'Homme. L'ONU est épaulée par les États, tant au niveau interne que régional. On le remarque à travers les systèmes régionaux de protection.

Au niveau régional, deux institutions majeures ont été créées pour assurer la mise en place du système de protection des droits de l'homme, ce sont :

- la Commission africaine des droits de l'Homme et des peuples ;

- la Cour africaine des droits de l'Homme et des peuples.

La Charte africaine a établi la Commission africaine des Droits de l'Homme et des Peuples[48]. Elle a été inaugurée le 2 novembre 1987 à Addis-Abeba, en Ethiopie. La Commission est officiellement chargée de trois principales missions, notamment :

- la promotion des droits de l'Homme et des peuples ;

- la protection des droits de l'Homme et des peuples ;

- l'interprétation de la Charte africaine des droits de l'Homme et des peuples.

---

[48] Chapitre II de la Charte africaine des droits de l'homme et des peuples

Dans l'interprétation et l'application des normes de droits de l'homme en Afrique, cette institution occupe une place primordiale.

C'est un organisme de l'Union africaine qui a pour mission de promouvoir et de protéger les droits de l'homme à travers le continent, en examinant les plaintes, en publiant des rapports et en dialoguant avec les États.

Cet organisme quasi-judiciaire veille à l'application de la Charte africaine des droits de l'homme et des peuples. Il reçoit et étudie les réclamations individuelles et gouvernementales, et formule des recommandations.

Si la finalité de la commission est de renforcer l'efficacité des droits de l'Homme en Afrique, son fonctionnement reste perfectible.

Censée être autonome[49], la Commission africaine est très limitée dans son fonctionnement.

Sur le plan financier, elle est soumise à la charge de la bonne volonté des États membres : s'ils n'exécutent pas cette obligation, ils n'encourent aucune sanction. La Commission africaine a d'ailleurs dû, à plusieurs reprises, solliciter des aides financières auprès d'institutions[50] et d'États non africains[51] pour pallier l'insuffisance de son budget.

En outre, la commission ne dispose pas de pouvoir coercitif, autrement dit, elle ne peut pas sanctionner les États en cas d'inobservation de ses recommandations ; ce

---

[49] Article 3 du Règlement intérieur de la Commission africaine des droits de l'homme et des peuples

[50] Voir les rapports d'activités annuels de la Commission africaine des droits de l'homme et des peuples

[51] Voir les rapports d'activités annuels de la Commission africaine des droits de l'homme et des peuples

qui limite son impact auprès des États membres. Ces différentes limites ont été à l'origine de la mise en place d'une Cour africaine des droits de l'Homme et des peuples.

Le texte fondateur de la Cour africaine des droits de l'Homme et des peuples est le Protocole relatif à la CADHP, adopté par les États membres de l'OUA à Ouagadougou, au Burkina Faso, en juin 1998. Il est entré en vigueur le 25 janvier 2004. Il est spécifié à l'article 2 du Protocole : « la Cour complète les fonctions de protection que la Charte africaine des droits de l'Homme et des peuples a conférées à la Commission africaine des droits de l'Homme et des peuples ». Elle est l'institution judiciaire continentale de défense des droits de l'homme et des peuples en Afrique. Le Protocole portant création d'une Cour africaine des droits de l'homme et des peuples limite le mandat des juges[42] et donne une force exécutoire aux décisions de la Cour africaine.

Bien que jouant un rôle crucial, elle doit faire face à plusieurs difficultés. Parmi lesquelles :

- le manque d'autonomie et d'impartialité (du fait que les juges sont sélectionnés par le Conseil exécutif de l'UA sur la base des nominations des États membres, puis confirmés par l'Assemblée des chefs d'État et de gouvernement de l'UA, l'activité des juges demeure influencée par les États membres, ce qui met en péril l'indépendance et la neutralité de la Cour) ;
- le manque de ressources humaines et financières.

En ce qui concerne la saisine de la Cour, il faut retenir que tout individu a la possibilité de faire appel à la Commission africaine et à la Cour africaine afin de dénoncer les atteintes à leurs droits. En effet, il est important de noter que la Cour ne demande pas que les recours internes soient préalablement épuisés par les personnes, comme cela est demandé dans la plupart des procédures internationales similaires. Elle peut être saisie par les victimes individuelles, même pendant qu'une affaire est en cours de procédure nationale. Les États sont tenus de respecter les décisions de la Cour et, cette dernière a la possibilité de condamner l'État à verser des réparations aux victimes. Elle a condamné en 2008 le gouvernement du Niger à verser des indemnités à une victime d'esclavage. Malgré le fait que la plaignante ait été victime, en l'occurrence, d'un acteur non étatique, la Cour a décidé d'engager la responsabilité de l'État en raison de sa tolérance, de sa passivité et de son inaction dans ce domaine[52].

Cependant, si le système africain de protection des droits de l'Homme effectuait un grand bond en avant à travers son article 5 alinéa 3[53] en permettant aux individus de saisir la Cour, à travers son article 34 alinéa 6,[54] il effectue machine arrière. Selon cet article, l'Etat doit faire une déclaration d'acceptation de la compétence de la Cour. Sans cette déclaration, elle ne peut être saisie. Parmi les 32 États

---

[52] Jugement, Dame Hadijatou Mani Koraou c/République du Niger, 27 octobre 2008.

[53] Article 5 al 3 du Protocole relatif à la Charte africaine des droits de l'homme et des peuples « La Cour peut permettre aux individus ainsi qu'aux organisations non gouvernementales (ONG) dotées du statut d'observateur auprès de la Commission d'introduire des requêtes directement devant elle conformément à l'article 34(6) de ce Protocole. »

[54] Article 34 al 6 du Protocole relatif à la Charte africaine des droits de l'homme et des peuples « À tout moment à partir de la ratification du présent Protocole, l'Etat doit faire une déclaration acceptant la compétence de la Cour pour recevoir les requêtes énoncées à l'article 5(3) du présent Protocole. La Cour ne reçoit aucune requête en application de l'article 5(3) intéressant un Etat partie qui n'a pas fait une telle déclaration. »

parties au protocole, seuls 8 ont déposé la déclaration prévue à l'article 34 alinéas 6.

Il faut aussi noter que, depuis qu'elle est devenue opérationnelle en 2010, la Cour a reçu 340 requêtes en matière contentieuse et 15 demandes d'avis consultatifs. La Cour a statué sur 205 requêtes et 15 avis consultatifs. Elle possède 135 requêtes en attente[55]. L'accumulation des affaires en attente engendre un retard considérable, entraînant une augmentation des délais de procédure.

Le traitement des affaires est souvent ralenti par les procédures judiciaires longues et complexes au niveau de la Cour.

Outre la limite relative à la saisine de la Cour, une autre limite est fondée sur l'exécution volontaire des décisions de la Cour, de la part des États membres. Le désir pour les Etats de préserver leur souveraineté les amène à restreindre les pouvoirs de la Cour. Beaucoup d'États ne sont pas disposés à collaborer avec la Cour et à appliquer ses décisions. Il est possible que la Cour rencontre des conflits de compétence avec les juridictions nationales, affaiblissant ainsi son autorité. Si l'effectivité d'une juridiction s'apprécie à travers l'exécution des décisions qu'elle rend, la Cour n'est pas un modèle à suivre. Cette insuffisance est l'une des plus compromettantes parmi les déficiences dont souffre la Cour africaine, remettant ainsi en cause les dispositions des articles 29 et 30 du Protocole.

Quant au Comité Africain d'Experts sur les Droits et le Bien-être de l'Enfant (CAEDBE), c'est un organe indispensable pour la garantie des droits de l'homme. En effet, il est le premier et le seul organe conventionnel des droits de l'enfant au monde habilité à recevoir des plaintes contre les États. Il a été établi par l'article 32 de la Charte

---

[55] africacenter.org/fr/spotlight/cour-africaine-droits-homme-peuples/

africaine des droits et du bien-être de l'enfant (CADBE). Créé en 2001, il est composé de 11 experts indépendants, reconnus pour leur expertise en matière de droits de l'enfant. Cependant, il est confronté à un manque de ressources financières, ce qui limite ses activités de surveillance et de promotion des droits de l'enfant. Le CADBE souffre d'une faible visibilité et son travail reste méconnu par les populations et les décideurs politiques. Il faut noter que dans l'exercice de ses fonctions, le CADBE n'a pas toujours accès aux informations nécessaires pour évaluer la situation des droits de l'enfant dans les États membres. Sa capacité à effectuer des missions de suivi dans les pays pour vérifier la situation sur le terrain est restreinte. La capacité d'analyse des données est limitée. Il ne dispose pas des ressources nécessaires et de l'expertise nécessaires pour analyser les données et repérer les tendances en matière de droits de l'enfant. Enfin, les recommandations du CADBE ne sont pas toujours suivies par les États membres, ce qui nuit à son efficacité.

D'autres institutions ont été mises en place au niveau des sous régions, contribuant ainsi à la protection des droits humains. Parmi lesquelles :

- la Communauté économique des États de l'Afrique de l'Ouest (CEDEAO),
- la Communauté de l'Afrique orientale (CAO),
- la Communauté économique et monétaire de l'Afrique centrale (CEMAC).

Cependant, il faut reconnaître que même si ces institutions participent à la garantie desdits droits, pour certaines parmi elles, cette protection est secondaire à leur objet principal qui est l'harmonisation économique desdites sous régions d'Afrique. Comme pour la Cour africaine des droits de l'homme et la Commission africaine des droits de l'homme, ces institutions sont confrontées au manque d'accessibilité et des frais d'instance pour les institutions disposant d'une cour. On remarque aussi le problème lié au conflit de juridictions[56] entre les cours régionales et sous régionales dans le règlement des conflits relevant des droits de l'homme.

1.2.2 Au niveau national

Il est fréquent que les États ne respectent pas les engagements pris au niveau régional. Très souvent, les décisions prises par les juridictions régionales ne sont pas respectées quand ces dernières ne sont pas favorables auxdits États. En effet, certains États ont essayé de tromper les plaignants en promettant un règlement à l'amiable pour y renoncer dès que la Commission africaine était dessaisie. C'était le cas dans les affaires Annette Pagnoulle pour le compte d'Abdoulaye Mazou au Cameroun[57] et John K. Modise au Botswana[58]. Les plaignants ont dû à nouveau saisir la Commission africaine qui constata l'échec des règlements à l'amiable et imputa à l'État la violation des droits protégés par la Charte africaine des droits de l'Homme et des peuples.

---

[56] Le conflit de juridictions désigne une situation dans laquelle plusieurs juridictions pourraient être compétentes pour connaitre d'une situation de droit.

[57] 17e session ordinaire, (mars 1995), Huitième rapport annuel d'activités, 1994-1995 (règlement à l'amiable) ; 21e session ordinaire, (avril 1997), Dixième rapport annuel d'activités, 1996-1997 (décision sur le fond). Cité par NGUEMA Nisrine Eba, « La Commission ADHP et sa mission de protection des droits de l'homme », Revue des droits de l'homme-N°11, 11/2017. Disponible sur journals.openedition.org.

[58] 97/93, 21e session ordinaire, (avril 1997), Dixième rapport annuel d'activités, 1996-1997 (règlement à l'amiable) ; 28e session ordinaire, (23 octobre-6 novembre 2000), Quatorzième rapport annuel d'activités, 20002001, AHG/229(XXXVII), (décision sur le fond).

De la même manière, dans l'affaire Guillaume Soro contre l'État de Côte d'Ivoire, la Cour africaine des droits de l'Homme et des peuples avait ordonné mercredi 22 avril 2020 la suspension du mandat d'arrêt émis par la justice ivoirienne contre l'ancien Président de l'Assemblée nationale, et demandé la remise en liberté provisoire de ses 19 proches emprisonnés depuis quatre mois. N'ayant pas apprécié cette décision, le gouvernement ivoirien a reproché à la Cour de "porter atteinte à la souveraineté de son État" ou encore d'instaurer "une véritable insécurité juridique".

Considéré ainsi, l'État de Côte d'Ivoire est allé plus loin en retirant le mardi 28 avril 2020, sa déclaration de compétence prévue par l'article 34 alinéa 6 du protocole de Ouagadougou, disposition qui permet aux citoyens et aux organisations de la société civile de saisir directement la juridiction continentale en cas de violation de leurs droits.

En outre, la question de la promotion des droits de l'Homme reste d'actualité. Certes, cette question ne concerne pas seulement les États, mais ces derniers doivent jouer un rôle plus important. On remarque un manque criard de sensibilisation des populations de la part des États.

Force est de constater que l'importance des droits de l'Homme est liée à l'urgence de la guerre et de l'instabilité politique. Très souvent, on ne parle des droits de l'Homme qu'en temps de guerre. À cet effet, la connaissance de ces droits survient généralement quand il est trop tard, c'est-à-dire au champ du droit international humanitaire[59]. Il se pose aussi le problème du budget consacré par les États à la promotion des droits de l'Homme.

---

[59] Le droit international humanitaire (DIH) est un ensemble de règles qui, pour des raisons humanitaires, cherchent à limiter les effets des conflits armés.

Si tous les gouvernements d'Afrique doivent évoluer dans la protection des droits de l'Homme, il n'en demeure pas moins pour les populations. En effet, il existe une certaine méfiance de la part de la population vis-à-vis de la justice. Or, la justice qui devrait être garante des droits pour tous. Cette méfiance entraîne un mauvais usage de l'appareil judiciaire de la part des populations.

Les limites ici renvoient au gouffre entre la population et la justice dû aux préjugés des populations africaines. Une justice corrompue, une justice en faveur des puissants, une justice pour les riches ; de telles réflexions annihilent l'impact de la justice. Il en est de même pour les ONG, qui, trop souvent à l'instar des populations véhiculent un message négatif. Selon les thématiques, certaines couches de la population déclarent que les ONG pervertissent nos valeurs. Les préjugés de la population constituent une limite non négligeable ayant pour conséquence directe, la normalisation de certaines violations des droits de l'Homme.

Enfin, les ONG comportent des insuffisances importantes malgré le rôle incontestable qu'elles jouent dans la promotion des droits de l'Homme. En effet, il convient tout d'abord de distinguer les ONG nationales qui sont généralement le reflet des ONG internationales ayant des antennes partout dans le monde ; des ONG nationales à caractère autonome dont la gestion et le fonctionnement dépendent des particuliers.

Selon qu'il s'agit du dernier type d'ONG, force est de constater que les missions ou les campagnes rattachées à ces dernières résultent généralement de la vision des actionnaires privés selon une durée bien déterminée. Il arrive très souvent que le délai imparti devienne court et que l'exécution de la mission nécessite plus de temps. Mais, en raison du manque de financement ou de la volonté du bailleur qui envisage de changer de campagne, le travail peut être bâclé. Le problème des ONG lié à leur vision et à leur dépendance financière vis-à-vis d'un actionnaire peut donc constituer une limite importante.

Au regard de ce qui vient d'être mentionné, il parait clair que les défis auxquels le continent doit faire face pour la protection des droits de l'homme sont grands, ceux-ci ne peuvent être dissociés de l'UA.

Des conflits armés, des coups d'État et des crises politiques continuent de frapper de nombreux pays africains, entraînant des violations massives des droits de l'homme.

Pour les populations africaines, la pauvreté, le manque d'accès aux services essentiels et les inégalités socioéconomiques représentent des défis majeurs pour rendre l'effectifs les droits de l'homme en raison de la misère et des disparités.

Des difficultés de gouvernance, de corruption et d'impunité restreignent la capacité des institutions à assurer le respect des droits de l'homme.

Les principes universels des droits de l'homme peuvent parfois être en conflit avec les normes et pratiques culturelles ou traditionnelles en Afrique. Quelques pratiques, telles que les mutilations génitales féminines ou les mariages forcés, remettent en question l'intégrité physique et l'indépendance des individus. En outre, il existe encore des stéréotypes et des discriminations basées sur le genre, l'appartenance ethnique ou religieuse, ce qui restreint l'exercice des libertés fondamentales.

Les disparités entre les sexes, ancrées dans les normes culturelles, empêchent les femmes et les filles de bénéficier des droits fondamentaux.

Il est possible que les coutumes et les convictions religieuses soient en désaccord avec les principes universels des droits de l'homme, ce qui requiert un dialogue interculturel.

2 Les réformes relatives à la protection des droits de l'Homme en Afrique

Le terme réforme doit être assimilé aux solutions dans le but de renforcer la protection des droits de l'Homme en Afrique. Le but ici n'est pas de balayer les accomplissements effectués en la matière, mais plutôt de proposer certaines solutions pour améliorer l'effectivité desdits droits dans l'ensemble du continent tant sur le plan conventionnel (1) que sur le plan institutionnel (2).

2.1 Les réformes d'ordre conventionnel

Les réformes d'ordre conventionnel renvoient non seulement à l'extension de l'application des normes, mais aussi à l'élargissement du rôle du législateur.

2.1.1 L'extension des normes relatives à l'application des droits de l'homme

L'Afrique est une réserve textuelle en matière de droits de l'Homme. Elle compte plus d'une dizaine de conventions relatives à la protection des droits humains. Ces textes consacrent la protection des droits de l'Homme d'une manière générale, mais aussi d'une manière spécifique. Pourtant, la Charte africaine des droits de l'Homme et des peuples (CADHP) est le seul instrument africain auquel les plaignants et les membres de la Commission ADHP se réfèrent. Dans cette perspective, la mission de la Commission africaine dépasse le cadre de la CADHP lorsqu'il s'agit de protéger les droits de l'Homme. Ces droits sont contenus dans les divers instruments africains des droits de l'Homme et non, dans la seule CADHP.

Ainsi, les nombreuses violations des droits de l'Homme font référence aux droits politiques et aux droits des femmes. Elles offrent à la Commission africaine des droits de l'homme et des peuples (CMADHP) la possibilité d'évoquer le Protocole africain relatif aux droits des femmes en Afrique, la Convention de l'UA régissant les aspects propres aux problèmes des réfugiés en Afrique, la Charte Africaine de la Démocratie, des Élections et de la Gouvernance, le Protocole relatif aux droits des personnes handicapées en Afrique et le Protocole relatif aux droits des personnes âgées.

Au niveau interne, les Etats doivent renforcer le rôle de leur constitution. En effet, la constitution joue un rôle essentiel dans la préservation des droits de l'homme en Afrique. En tant que fondement de l'État de droit, son respect et son application effective sont essentiels pour la paix, la justice et le développement durable du continent. Elle établit les valeurs essentielles de la société et les assurances individuelles indispensables. L'évolution historique de la protection constitutionnelle remonte aux années 1960 avec les premières constitutions. Aujourd'hui encore, les efforts continus sont déployés pour améliorer la protection constitutionnelle des droits, en tenant compte des réalités spécifiques du continent. Les constitutions posent les principes de :

- La dignité humaine.

La constitution affirme que la dignité humaine est inviolable, un principe essentiel qui fonde la préservation de tous les droits (article 8 de la Constitution de la république du Congo adoptée par référendum le 25 octobre 2015).

- La justice et la non-discrimination.

La justice et la protection des droits reposent sur l'égalité devant la loi et l'interdiction de toute discrimination (Article 15 de la Constitution de la république du Congo adoptée par référendum le 25 octobre 2015).

- Les libertés fondamentales.

Les constitutions africaines assurent la protection des libertés fondamentales telles que la liberté d'expression, de religion et de déplacement (Article 25 de la Constitution de la république du Congo adoptée par référendum le 25 octobre 2015).

- Les droits économiques et sociaux.

Les constitutions garantissent aussi la reconnaissance et la garantie des droits à la santé, à l'éducation et à un niveau de vie décent Article (36 de la constitution de la république du Congo adoptée par référendum le 25 octobre 2015).

En outre, le rôle des cours constitutionnelles, des institutions de défense des droits et des organes de surveillance doivent être renforcés. Il est primordial de faire connaître à la population ses droits constitutionnels et les moyens de les faire valoir. Il faut aussi faciliter l'accès à la justice pour les victimes de violations des droits de l'homme.

Sachant que bon nombre de la population africaine est analphabète. Le législateur[60] africain doit redoubler d'efforts dans la production de la loi. Longtemps mystifiée et considérée comme compliquée par le citoyen lambda, la loi doit être simple et à la portée de tous. Il faut rappeler que la loi définit les droits et les devoirs ainsi que la

---

[60] Le « législateur » est étymologiquement « celui qui édicte la loi ». Le mot désigne toute personne physique ou institution qui participe à l'élaboration de la législation.

responsabilité de chacun. Elle permet de vivre ensemble en facilitant les rapports entre les gens et peut être assortie d'une sanction. Ici, le mot « gens » renvoie à toutes les personnes, en nombre indéterminé, sans aucune distinction.

« Ta liberté s'arrête là où commence celle des autres », disait John Stuart Mill[61]. Cette expression est à la fois un précepte et un proverbe. Elle apprend à restreindre ses libertés en communauté pour favoriser l'épanouissement de chacun au sein d'une même société. Pour le faire, il faut avoir connaissance des règles qui définissent la liberté et ses limites. L'usage d'un jargon juridique simple est fondamental pour l'appropriation des droits et des devoirs. Une loi simple et claire pour une vie encore plus simple.

Les avantages de la transposition et des traductions des droits de l'homme.

2.1.2 L'élargissement du rôle du législateur

Le législateur doit renforcer sa relation avec d'autres disciplines telles que la sociologie et la psychologie.

Définie comme l'étude des relations, actions et représentations sociales par lesquelles se constituent les sociétés, la sociologie vise à comprendre comment les sociétés fonctionnent et se transforment. Elle s'intéresse aux rapports individu-société[62]. D'une manière générale, le rôle du sociologue, c'est d'alerter des dangers pour l'existence de la société d'un trop grand écart entre les principes qu'elle affiche et la réalité que les gens vivent[50]. Par conséquent, penser avec le droit depuis la sociologie,

---

[61] John Stuart Mill, né le 20 mai 1806 à Londres et mort le 8 mai 1873 à Avignon, est un philosophe, logicien et économiste britannique. Penseur libéral parmi les plus influents du xixe siècle, il est un partisan de l'utilitarisme

[62] https://socio.umontreal.ca/departement/qu'est-ce-que-la-sociologie/

c'est se déplacer sur le terrain même du droit, c'est-à-dire de son contenu, et non pas seulement de l'organisation de sa production ou de sa "fabrication"[51]. Dans ce sens, le droit doit être compris comme le reflet de la société. Si le rôle du sociologue est d'alerter des dangers pour l'existence, celui du législateur est d'en prévoir les conséquences et de veiller à ce que l'individu n'en soit plus exposé à travers les lois.

En outre, le droit, en tant qu'instrument de régulation sociale, ne peut se désintéresser des questions liées à la psychologie du fait que la psychologie, en tant que science, ne peut demeurer étrangère au droit et à son impact. Elle porte son attention sur le comportement de l'homme en sa dimension singulière ou sociale[63]. Le cas échéant, celui des droits qui consacrent la protection des personnes vulnérables et des personnes souffrant de handicap. On peut aussi évoquer les décisions relatives au droit de la famille. Le juge doit se prononcer sur les aspects d'ordre privé de l'existence des personnes ; le couple, la séparation, tout en tenant compte des conséquences de celle-ci pour les enfants.

Le rôle du législateur dans la consécration de la protection des droits de l'Homme en Afrique est essentiel. En vue de la production des textes en la matière ; cela n'est plus à démontrer. En effet, la pluralité des textes témoigne du sentiment d'urgence et de la bonne volonté du législateur africain en vue de garantir les droits humains. Cependant, en réponse à l'instabilité politique dans certains pays africains, la Charte devrait prévoir des dérogations pour des circonstances optionnelles à l'instar de la légitime défense ou d'une situation d'urgence.

---

[63]https://calenda.org/360461?lang=pt#:~:text=La%20psychologie%20 comme%20le%20droit,%C3%A0%20%C 3%A9voluer%20de%20mani%C3%A8re%20ind%C3%A9pendante.

La légitime défense n'est pas assimilée à celle du droit civil qui permet de faire recours à la force, voire à la violence physique pour réagir à une agression ou se protéger de quelqu'un ou d'un danger en cas d'attaque, par exemple. Ici, elle prend une autre dimension, celle du droit international. Elle renvoie au droit à la défense d'un territoire en cas d'invasion.

Le législateur devrait aussi tenir compte des nombreuses guerres civiles encore présentes dans le continent. La dérogation permettra d'encadrer les conflits et de sauvegarder la sécurité. Elle permettra d'élargir la manœuvre militaire pour l'État dont la sécurité est menacée. Le cas échéant est celui de la secte islamiste Boko Haram, désormais connue sous le nom d'État islamique d'Afrique de l'Ouest. Depuis sa fondation en 2002, elle a multiplié assassinats, agressions et braquages. Les pays touchés par la menace terroriste sont le Nigeria, le Tchad, le Cameroun et le Niger qui ont depuis uni leurs forces pour répondre à l'attaque.

En ce qui concerne la situation d'urgence, nous pouvons prendre en exemple l'urgence sanitaire liée à la Covid-19. Pour faire face à cette pandémie, les États africains sont allés à l'encontre de certaines libertés consacrées par la Charte africaine des droits de l'Homme et des peuples en adoptant des mesures qui ont dérogé à plusieurs droits. Parmi ces mesures, nous pouvons citer la fermeture des écoles, des lieux de culte, la fermeture des frontières et l'interdiction de réunion qui ont conduit respectivement au non-respect des droits à l'éducation consacrés à son l'article 17, à la pratique libre de la religion consacrée par l'article 8 de la Charte, au droit de circuler librement dans son article 12 et au droit à la liberté de réunion par l'article 11 de la Charte.

Si l'instauration des dérogations pouvait renforcer l'efficacité du système africain de protection des droits de l'Homme, ces dérogations doivent être bien définies et consacrées par un protocole qui serait d'opposabilité générale. En d'autres termes, les dérogations doivent être appliquées partout selon les conditions prévues par la loi. Elles doivent être les mêmes partout en Afrique et non propres à chaque État.

La règle de droit en matière de droits de l'Homme doit avoir une seule vocation, la protection et l'épanouissement de l'Homme dans la société. Son application doit être fluide. Elle ne doit souffrir d'aucune discrimination. Le rang d'un individu ne doit pas empiéter sur les droits de chacun.

L'article 46A bis du Protocole de Malabo dispose qu'« aucune procédure pénale n'est engagée ni poursuivie contre un Chef d'État ou de gouvernement de l'UA en fonction, ou toute personne agissant ou habilitée à agir en cette qualité ou tout autre Haut Responsable public en raison de ses fonctions ». Ce dernier nécessite une réforme drastique.

Les États d'Afrique sont aujourd'hui dans un processus de démocratisation entamé pour beaucoup à partir des années 1990. Plus de 30 ans après son adoption, cette forme de gestion dans laquelle la souveraineté appartient au peuple semble toujours difficile en raison de la loi qui tend à renforcer le pouvoir des Chefs d'État. Le Procureur de la République n'engage quasiment jamais de procédures contre le Président de la République, tandis que selon l'article 7 de la Déclaration universelle des droits de l'Homme, « Tous sont égaux devant la loi et ont droit sans distinction à une égale protection de la loi (...) »[64]. Si

[64] Article 7 de La Déclaration universelle des droits de l'homme « tous sont égaux devant la loi et ont droit sans distinction à une égale protection de la loi. Tous ont droit à une protection égale contre toute

exception est faite, elle doit l'être pour des cas de force majeure. Le Président de la République doit bénéficier évidemment de larges pouvoirs destinés à faire face aux graves crises susceptibles de survenir durant son mandat[65] tout en gardant l'idée de sa responsabilité devant le peuple.

Il est évident que la mise en place des réformes conventionnelles des droits de l'homme en Afrique contribue à guider le continent vers un avenir plus équitable et juste, mais il est essentiel de continuer à faire des efforts pour assurer la protection effective de tous les citoyens. Afin que les réformes répondent aux besoins des populations, il faut :

- améliorer la coopération entre les pays. Les États africains collaborent afin d'assurer une mise en œuvre cohérente des conventions et des instruments juridiques ;
- encourager l'autonomie du système judiciaire. Cela est primordial pour que le pouvoir judiciaire soit indépendant afin d'assurer un accès équitable à la justice pour tous les citoyens ;
- contribuer à la formation et à la sensibilisation des populations aux droits humains. C'est un impératif essentiel en vue de consacrer des ressources à la formation des acteurs de la justice et à la sensibilisation.

---

discrimination qui violerait la présente Déclaration et contre toute provocation à une telle discrimination ».

[65] l'article 16 de la Constitution de 1958 dispose française « Lorsque les institutions de la République, l'indépendance de la Nation, l'intégrité de son territoire ou l'exécution de ses engagements internationaux sont menacés d'une manière grave et immédiate et que le fonctionnement régulier des pouvoirs publics constitutionnels est interrompu, le Président de la République prend les mesures exigées par ces circonstances, après consultation officielle du Premier ministre, des Présidents des Assemblées ainsi que du Conseil constitutionnel(…)»

D'où la nécessité de renforcer l'efficacité des institutions africaines.

2.2 Les réformes d'ordre institutionnel

Le continent africain est l'un des trois continents, avec l'Europe et les Amériques, disposant d'une organisation intergouvernementale régionale qui s'est progressivement dotée d'instruments et de systèmes spécifiques de protection des droits de l'Homme. En effet, les droits civils et politiques, ainsi que les droits économiques, sociaux et culturels, sont protégés par la Charte. Elle reconnaît aussi des droits communs, comme le droit à l'indépendance et le droit au progrès. La Charte joue un rôle essentiel dans l'évolution du cadre juridique des droits humains en Afrique. Afin de promouvoir ces droits, des mécanismes ont été mis en place, d'où l'instauration des institutions de promotion et de protection des droits de l'Homme (La Commission Africaine des Droits de l'Homme et des Peuples et la Cour Africaine des Droits de l'Homme et des Peuples).

Au vu des limites susmentionnées, les réformes d'ordre institutionnel peuvent s'inscrire sous deux dimensions : une, à vocation idéologique et l'autre à vocation organisationnelle.

Sur le plan idéologique, depuis toujours, l'Afrique est considérée comme un continent pourvu de valeurs intrinsèques. La question de l'amélioration des droits de l'Homme sur le plan conventionnel et institutionnel en Afrique doit être abordée avec minutie en raison de la diversité culturelle sur le continent. La dimension immatérielle à travers la morale, la tradition et les mœurs occupe une place centrale dans le continent. De ce fait, l'approche africaine des droits de l'Homme doit différer des autres continents. Pour ce faire, l'instauration d'une structure régionale chargée de filtrer les traditions positives et de réguler les mœurs au niveau régional est nécessaire. Cet organe sera chargé de veiller à l'existence d'un équilibre entre l'enracinement et le déracinement de nos valeurs. Parler des droits de l'Homme et des peuples c'est évoquer l'Homme en tant qu'individu faisant partie d'un groupe. Cette structure permettra de sauvegarder l'identité africaine dans son aspect individuel et collectif et aura un impact sur les organes de protection et de promotion des droits de l'Homme en Afrique.

La dimension organisationnelle, quant à elle, renvoie ici aux organes régionaux et internes de protection et de promotion des droits de l'Homme en Afrique.

2.2.1 Au niveau régional

Evoquer les organismes régionaux, c'est mettre en exergue la Commission africaine des droits de l'homme et des peuples (CMADHP), mais aussi la Cour africaine des droits de l'homme et des peuples.

Concernant la Commission africaine des droits de l'homme et des peuples, l'une des solutions serait de consacrer institutionnellement une autonomie financière favorable au fonctionnement de cet organe en mettant en place une sorte de structure permanente, un trésor africain pour le développement des droits de l'Homme et des peuples. Le financement du trésor africain dépendra des cotisations annuelles des États proportionnellement au PIB de chaque État. Les pays plus forts économiquement auront un pourcentage de contribution plus élevé que les pays à économie faible. Le niveau de pourcentage ne devrait pas être fixe, il prendra en compte des variations économiques au fil des années. L'alimentation de ce trésor serait obligatoire pour les pays, sous peine de sanctions prévues dans le statut portant création de cette structure.

Il est crucial de mettre en place des dispositifs de suivi afin d'assurer l'efficacité des réformes institutionnelles des droits de l'homme. Il faut donc:

- procéder davantage à l'évaluation de la situation des droits humains dans les États membres ;

- favoriser la coopération internationale afin de soutenir la réalisation des réformes et des recommandations.

Le système électoral des commissaires de la CMADHP doit évoluer pour favoriser l'indépendance de ces derniers. En effet, la Commission doit être protégée des pressions politiques et des influences étrangères. La Commission doit travailler en étroite collaboration avec les États membres et la société civile.

Le renforcement des capacités institutionnelles de la Commission passe par l'augmentation des ressources, l'amélioration des infrastructures et la formation du personnel.

Il faut dans un deuxième temps classifier le domaine de compétence de la Commission et de la Cour. Pour éviter toute confusion, la fonction consultative serait l'apanage de la Commission de manière exclusive. La Cour ne garderait pour elle que la fonction contentieuse.

Dans un troisième temps, il sera nécessaire de se pencher sur l'urgence de la force obligatoire des décisions prises par la Cour. En effet, le volontarisme lié au choix de la déclaration d'acceptation de la compétence de la Cour laisse libre recours à des violations des droits de l'Homme et décrédibilise l'UA et, par conséquent, l'Afrique en général.

La Cour africaine des droits de l'homme et des peuples fait face à plusieurs défis qui entravent son bon fonctionnement. Pour pallier ces limites, il faut :

- promouvoir la ratification du Protocole sur la création de la Cour par les États ;

- augmenter les ressources financières et humaines de la Cour ;

- améliorer la visibilité de la Cour et de ses activités auprès du grand public et des experts en droit ;

- renforcer la collaboration entre la Cour et les autres institutions africaines en charge des droits de l'homme.

La question de l'impartialité de la Cour est d'une importance capitale. En effet, la justice doit être rendue de façon juste et équitable. Pour favoriser cela, comme pour la Commission, la Cour africaine des droits de l'homme et des peuples doit améliorer son mode de nomination des juges. Ceux-ci sont sélectionnés par le Conseil exécutif de l'UA sur la base des nominations des États membres, puis confirmés par l'Assemblée des Chefs d'État et de gouvernement de l'UA. Cette procédure laisse paraître une certaine influence des dirigeants et tend à susciter une méfiance de la part des populations. En outre, il faut assouplir les conditions d'accès pour les individus et les ONG à la Cour en simplifiant et accélérant les procédures judiciaires. La Cour doit être soutenue par les États africains en ratifiant le Protocole, en lui apportant des ressources et en respectant ses décisions. En outre, la Société civile peut aussi contribuer à sensibiliser le public au travail de la Cour. Il est essentiel que la Cour travaille en collaboration avec les États africains et la société civile afin de favoriser et de préserver les droits de l'homme en Afrique. Les droits de l'Homme sont inhérents à l'Homme, les valoriser, c'est valoriser l'Homme, en garantissant l'essentiel de sa vie.

En outre, concernant le Comité Africain d'Experts sur les Droits et le Bien-être de l'Enfant (CAEDBE), il s'agit de renforcer son impact sur le continent afin de pallier les insuffisances qui lui incombent. Il est nécessaire pour les Etats parties à la Charte africaine sur les Droits et le Bien-être de l'Enfant d'augmenter son budget pour qu'il puisse réaliser ses activités de manière efficace[66]. Il est essentiel pour ces derniers de soutenir le CAEDBE afin de renforcer ses compétences techniques et son expertise en matière de droits de l'enfant. Il faut procéder à la mise à niveau de la communication. Le CAEDBE doit établir une stratégie de communication efficace afin de faire connaître son travail et ses recommandations aux États membres ainsi qu'au grand public. Les Etats membres doivent améliorer le mandat du CAEDBE afin de lui donner la possibilité de jouer un rôle plus proactif dans la promotion et la protection desdits droits. Les experts doivent bénéficier des programmes de formation continue, sur des sujets essentiels tels que la surveillance des droits de l'enfant, la rédaction de rapports et la sensibilisation aux droits de l'enfant.

Le Comité Africain d'Experts sur les Droits et le Bien-être de l'Enfant doit aussi renforcer sa collaboration avec les organisations de la société civile, les agences des Nations Unies et les universités.

Au niveau des sous-régions, plusieurs institutions ont été mises en place pour épauler les institutions régionales. Parmi lesquelles:

---

[66] Article 1er de la CHARTE AFRICAINE DES DROITS ET DU BIEN-ETRE DE L'ENFANT « Les Etats membres de l'Organisation de l'unité africaine, parties à la présente Charte, reconnaissent les droits, libertés et devoirs consacrés dans la présente Charte et s'engagent à prendre toutes les mesures nécessaires, conformément à leurs procédures constitutionnelles et aux dispositions de la présente Charte, pour adopter toutes les mesures législatives ou autres nécessaires pour donner effet aux dispositions de la présente Charte ».

- la Communauté Economique des États de l'Afrique de l'Ouest (CEDEAO) instituée par le « Traité de la CEDEAO » de 1975, qui a été révisé en 1993. Son objectif est de « promouvoir la coopération et l'intégration dans la perspective d'une Union économique de l'Afrique de l'Ouest(…)[67] ». Ses principes de base incluent le respect, la promotion et la protection des droits humains ; la promotion et la consolidation de la démocratie ; la transparence, la justice économique et sociale et la participation populaire au développement[68]. Quinze États membres composent la CEDEAO : le Bénin, le Burkina Faso, le Cap-Vert, la Côte d'Ivoire, la Gambie, le Ghana, la Guinée, la Guinée-Bissau, le Liberia, le Mali, le Niger, le Nigeria, le Sénégal, la Sierra Leone et le Togo. Son siège se trouve à Abuja, au Nigeria.

La CEDEAO dispose d'une Cour de Justice de la Communauté (CJC)[69]. Comme pour la CRADHP, elle permet à des individus d'entamer une action contre les États membres. Le fait qu'elle a étendu sa compétence jusqu'à l'examen des violations de droits humains dans tous les États membres constitue un problème majeur, car il conduit à un conflit de juridiction ;

- la Communauté de l'Afrique Orientale (CAO) a été fondée à l'origine en 1967, mais s'est éteinte en 1977. Elle a été rétablie par le Traité de 1999, qui est entré en vigueur en 2000.

Les membres de la CAO sont : le Kenya, la Tanzanie, l'Ouganda, le Burundi et le Rwanda. Selon l'article 7(2) : « Les États partenaires s'engagent à observer les principes de bonne gouvernance, y compris les principes de démocratie, la primauté de la loi, la justice sociale et le maintien de normes sur les droits humains reconnues à

---

67 Article 3(1) du Traité de la CEDEAO
68 Article 4 du Traité de la CEDEAO
69 Article 15 du Traité de la CEDEAO

l'international ». Cela tant à renforcer la protection des droits de l'homme. Conformément à l'article 9 du Traité de la CAO, une Cour de Justice de l'Afrique orientale (CJAO) a été mise en place comme instance judiciaire[70]. L'article 27(2) du Traité de la CAO énonce que « La Cour aura les autres compétences de première instance, d'appel, en matière des droits humains et autres que le Conseil déterminera à une date ultérieure convenable ». À cet effet, les États partenaires concluront un protocole visant à mettre en œuvre l'extension de ses compétences.

Le Traité prévoit que la CJAO aura compétence, dans l'avenir, dans les affaires concernant les droits humains[71] ;

- Communauté Economique et Monétaire de l'Afrique Centrale (CEMAC), créée en 1999. Elle a été instaurée par le Traité instituant la Communauté économique et monétaire de l'Afrique centrale. La CEMAC est composée de six Etats membres: le Cameroun, la République centrafricaine, le Tchad, le Gabon, la Guinée équatoriale et la République du Congo. Son siège se trouve en République centrafricaine. Comme pour les organismes susmentionnés, la CEMAC possède un organe judiciaire, notamment la Cour de justice de la CEMAC[72].

Outre, la facilitation d'accès à ces institutions, il est nécessaire pour ces institutions de participer davantage à la promotion des droits de l'homme en organisant des colloques.

Les organes judiciaires qui sont rattachés à ses institutions doivent éviter à tout prix les conflits de juridiction. En effet, les conflits de juridiction peuvent entrainer des retards de justice, des coûts supplémentaires

---

[70] Article 9(1) (e) du traité d'Afrique Orientale

[71] Http : //www.eac.int/court

[72] Article 10 du traité de la CEMAC

et des incertitudes juridiques. Pour y remédier, l'instauration d'une réelle collaboration entre les tribunaux revêt une importance capitale afin de simplifier la résolution des litiges et garantir le respect des décisions judiciaires. Il est essentiel d'harmoniser les lois et les règles de compétence entre les juridictions afin d'éviter les conflits. Affirmer la compétence exclusive de la Cour africaine des droits de l'homme en matière de violations desdits droits est aussi envisageable.

La contribution des États africains et de la Société civile est essentielle pour renforcer la protection des droits de l'homme.

2.2.2 Au niveau national

Au niveau national, le rôle des États est d'une importance incontestable. Ce sont les premiers responsables en matière des droits de l'Homme. Ils doivent prendre conscience de l'impact des engagements pris au niveau régional. Très souvent, on assiste à une sorte de marketing international ; aucun État ne veut être pointé du doigt au point de ratifier des textes qui ne correspondent pas aux valeurs qu'ils prônent. Or, la ratification désigne l'acte international par lequel un État manifeste son consentement à être lié par un traité qui produira des effets en droit interne, ce qui suppose que le non-respect des textes ratifiés est susceptible de sanction. Eu égard à cela, la souveraineté d'un État passe aussi par le pouvoir dire « Non » quand une convention ne correspond pas aux valeurs prônées par ce dernier.

Au niveau interne, l'assemblée nationale doit voter des lois pour mieux garantir les droits de l'homme. L'un des exemples et non les moindre, est celui du Congo avec la ***Loi MOUEBARA*** du 4 mai 2022 n° 19-2022 portant lutte contre les violences faites aux femmes en République du Congo. Durant l'évaluation du Congo par le Comité pour l'élimination de la discrimination à l'égard des femmes, Mme Inès Bertille Voumbo Yalo Ingani, Ministre de la promotion de la femme, de l'intégration de la femme au développement et de l'économie informelle du Congo et son équipe ont souligné que « La Loi Mouebara convertit toutes les violences en peines [...], une première en Afrique francophone ». En 2024, de nombreux cas de violences envers les femmes et les filles ont été jugés et punis par la justice.

Les textes ratifiés par un État doivent avoir un impact positif sur les citoyens qui le composent, car la fonction primordiale d'un État est d'assurer la protection des citoyens en garantissant la défense et le maintien de l'ordre.

L'une des solutions, et non des moindres, est celle qui renvoie à l'instauration au niveau interne d'un véritable pouvoir judiciaire compétent, impartial et indépendant, pouvant garantir un procès équitable et susceptible de protéger les individus des crimes. Le premier acte que devraient faire les États, c'est de transposer dans l'ordre juridictionnel interne les dispositions régionales relatives à ladite protection. En outre, l'UA doit œuvrer davantage aux côtés des États membres à l'élaboration et à la mise en œuvre de politiques visant à bâtir des institutions solides.

Les États doivent aussi avoir un plan réel centré sur la formation d'un personnel qualifié en la matière sur le plan juridique et administratif. Ils doivent présenter régulièrement des rapports sur la mise en pratique de la Charte africaine au niveau de la Commission et susciter la coopération entre les spécialistes de différents États. Les gouvernements doivent encourager davantage les investissements financiers pour la promotion des droits de l'Homme.

Le rôle de la coopération internationale est d’une importance capitale. En effet, la collaboration internationale est cruciale pour promouvoir et protéger les droits de l'homme en Afrique. Les États africains ont la possibilité d'obtenir du soutien technique et financier de la part des partenaires internationaux afin de mettre en place des réformes et de renforcer les institutions nationales des droits de l'homme.

En outre, les acteurs internationaux ont la capacité de sensibiliser l'opinion publique mondiale concernant les enjeux liés aux droits de l'homme en Afrique et de favoriser un engagement plus important des États africains en faveur du respect des droits humains. Le respect de la souveraineté nationale et la non-ingérence dans les affaires intérieures des États africains doivent être les fondements de la coopération internationale.

La population ne doit pas être en marge de cette évolution. Au contraire, elle doit davantage s’impliquer dans la promotion des droits de l’Homme, par le biais de bouche à oreille, mais aussi, en s’appropriant ces droits, en allant vers l’information, enfin, en usant des mécanismes de protection à l’instar des tribunaux nationaux. Une société civile forte et engagée est un élément clé pour tenir les gouvernements responsables et faire avancer la cause des droits de l'homme.

Les ONG jouent aussi un rôle important. Elles ont souvent pour vocation la diffusion et la promotion des droits de l’Homme. Elles procèdent aussi à la traduction des dispositions internationales dans les langues nationales. Cependant, l’autonomie de ces ONG peut être sujette à caution. Très souvent, les programmes initiés ne correspondent pas aux missions initiées par l’État. Pour y remédier, les ONG et les États doivent coopérer pour favoriser la coordination de leur programme respectif. Cela pourrait contribuer à la mise en place de davantage de colloques portant sur les droits de l'Homme et pallier la dépendance financière des actionnaires privés et favoriser la continuité des services au sein des ONG.

Conclusion

En somme, « l'histoire des droits de l'homme se confond avec l'histoire de l'homme. Elle reflète ses différentes étapes telles qu'elles ont été marquées par l'évolution de la pensée en général et par les péripéties de la praxis qui les accompagnent (...). Ces droits s'articulent autour des idées (sources matérielles) qui les ont forgés et véhiculés, en tant que concepts, et des instruments (sources formelles) qui les ont exprimés et rendus efficients »[73].

Dans cet ouvrage, nous avons évoqué une approche nouvelle pour le développement du système de protection des droits de l'Homme en Afrique. L'objectif principal de ce travail est l'examen des limites en matière de droits de l'homme en Afrique, en mettant l'accent sur les défis conventionnels et institutionnels pour l'amélioration du statut des droits de l'Homme dans le continent.

Nous avons montré que l'application des règles de protection des droits humains dans le continent est entachée. Cela s'explique par des insuffisances conventionnelles et institutionnelles aussi bien sur le plan régional que national.

La protection des droits de l'homme en Afrique demeure un défi complexe, mais il est essentiel de garantir la dignité, la sécurité et le bien-être de tous les citoyens. Afin d'atteindre cet objectif, il est nécessaire d'adopter une approche globale et coordonnée qui implique les États, les institutions nationales, la société civile et la communauté internationale.

---

[73] KEBA MBAYE « LES DROITS DE L'HOMME EN AFRIQUE », ditions A. Pedone 13, rue Soufflot PARIS

Malgré des avancées, il reste encore beaucoup à faire pour assurer leur existence sur le continent. Il est indispensable que les États africains s'engagent et prennent leurs responsabilités, en collaboration avec une société civile dynamique et un soutien régional et international, afin de relever ces défis et de permettre aux populations africaines de bénéficier pleinement de leurs droits. Il est primordial de faire des efforts coordonnés et soutenus afin de bâtir un avenir où les droits de l'homme sont une réalité pour tous. Car, la garantie de la paix et de la sécurité passe inévitablement par la lutte contre l'impunité et le respect inconditionnel des droits de l'Homme. L'humanisation du droit est une exigence que tous les États doivent observer. Seul le développement des droits de l'homme est une condition essentielle à l'État de droit.

Bibliographie

Ouvrages

- Elias Taslim Olawale « La nature du droit coutumier africain », Paris, Présence Africaine, 1961, 327 pages.

- Erny PIERRE « L'enfant et son milieu en Afrique noire », Paris, harmattan, 1987,306 pages.

- Fofana LAMINE, « l`Universalité des droits de l`homme et sa portée en Afrique », EDJA 1997,131 pages.

- Hermine Kembo Takam Gatsing, « Le système africain de protection des droits de l'homme : un système en quête de cohérence », Harmattan, Cameroun, 02/2004, 196 pages.

- Joseph Ki-Zerbo « Histoire générale de l'Afrique », vol. I, Paris, Jeune Afrique, Stock, U.N.E.S.C.O., 1980, p. 771

- Kéba Mbaye, « Les droits de l'homme en Afrique », Paris, Éditions A. Pédone, 1992, 312 pages.

- Laurence Burgorgue-Larsen, « Les trois cours régionales des droits de l'homme in contexte », A. Pédone, 11/09/2020, 592 pages.

- Robert Chartin et Jean Jacques Sue, « Droit de l'homme et liberté de la personne », 4e éd., Litec, Paris, 2002.

- Stéphane Doumbé-Billé, « Nouveaux droits de l'homme et internationalisation du droit », Cahiers de droit international, Bruylant, 04/2012, 280 pages.

- Tessa Barsac, « La cour africaine de justice des droits de l'homme », Paris, Pédone, Perspectives internationales, 03/ 2021, 132 pages.
- Timera MAHAMET, « Les Soninké en France. D'une histoire à l'autre », Paris, éd. Karthala, 1996, 244 pages.
- Thierry Oblet, « À quoi sert la sociologie aujourd'hui? », Publié le 02/06/2007, Encyclopædia Universalis.

THESE ET MEMOIRE

- Mamadou Alpha Kokouma Diallo, « la cour africaine des droits de l'homme et des peuples entre originalités et incertitudes ».
- Olinga Alain Didier, « l'effectivité de la charte africaine des droits de l'homme et des peuples », op.cit. Pp.
- Walupakah NGoy, Mémoire online « Droit et Sciences politiques Droits de l'homme et libertés fondamentales, la cour africaine des droits de l'homme et des peuples : le problème du contrôle juridictionnel des droits de l'homme en Afrique » Université catholique de Bukavu-Licence en droit/ option droit public, 2007

ACCORDS ET INSTRUMENTS INTERNATIONAUX

- La Charte Des Nations Unies De 1945
- Déclaration des droits de l'homme et du citoyen de 1789
- Déclaration universelle des droits de l'Homme Adoptée par l'Assemblée générale des Nations Unies dans sa résolution 217 A (III), le 10 décembre 1948

- Charte africaine des droits de l'homme et des peuples, également appelée Charte de Banjul, a été adoptée en juin 1981 par la Conférence des États de l'Organisation de l'unité africaine (OUA).

- La Charte africaine des droits ct du bien-être de l'enfant adoptée le 11 juillet 1990 par la Conférence des chefs d'Etat et de gouvernement de l'OUA, entrée en vigueur en novembre 1999.

- Convention américaine relative aux droits de l'homme de juillet 1978, de la Commission et de la Cour inter américaine des droits de l'homme.

- Convention de sauvegarde des droits de l'Homme et libertés fondamentales, plus connue sous le nom de Convention européenne des droits de l'Homme a été ouverte à la signature à Rome le 4 novembre 1950 et est entrée en vigueur le 3 septembre 1953.

- Pacte international relatif aux droits civils et politiques Adopté par l'Assemblée générale dans sa résolution 2200 A (XXI) du 16 décembre 1966. Entrée en vigueur : le 23 mars1976

- Traité de la communauté d'Afrique orientale 1999

- Traité de la CEDEAO de 1975, qui a été révisé en 1993

- Traité de la CEMAC du 16 mars 1994

INSTRUMENTS NATIONAUX

- Constitution de la République Démocratique du Congo du 1er Aout 1964
- Constitution de la République du Congo du 8 décembre 1963
- Constitution de la république du Congo adoptée par référendum le 25 octobre 2015
- Constitution du Sénégal du 26 août 1960
- Loi MOUEBARA n° 19-2022 du 4 mai 2022 portant lutte contre les violences faites aux femmes en République du Congo

JURISPRUDENCE

- Affaire 001/2008 : Michelot Yogogombaye c. République du Sénégal, 15 novembre 2009, le premier arrêt rendu par la CADHP.Jugement, Dame Hadijatou Mani Koraou c/République du Niger, 27 octobre 2008).
- Affaire Guillaume Kigbafori Soro et autres c. République de Côte d'Ivoire, CADHP, 2020
- Femi Felana c. Union africaine, CADHP, n°001/2011.
- Atabong Denis Atemnkeng c. Union Africaine, CADHP, n°014/2011.
- John K. Modise c. Botswana, Commission Africaine des Droits de l'Homme et des Peuples, Communication 97/93, 28e Session Ordinaire, Cotonou, Bénin, 6 novembre 2000.

- Jugement, Dame Hadijatou Mani Koraou c/République du Niger, 27 octobre 2008.

- M. Abdoulaye Mazou c. Cameroun, Communication No. 630/1995, U.N. Doc. CCPR/C/72/D/630/1995 (2001).

- Montchrestien/Domati 2005) voir Olinga Alain Didier « Pratique de la cour africaine des droits de l'homme en 2011 ».

RAPPORT ET REVUE

- Amnesty international pour des procès équitables, EFA, Paris, 2001, p. 160.

- Huitième rapport annuel d'activités, 1994-1995 de la Commission Africaine des Droits de l'Homme et des Peuples

- Dixième rapport annuel d'activités, 1996-1997 de la Commission Africaine des Droits de l'Homme et des Peuples

- Dixième rapport annuel d'activités, 1996-1997 de la Commission Africaine des Droits de l'Homme et des Peuples

- Quatorzième rapport annuel d'activités, 20002001, AHG/229 de la Commission Africaine des Droits de l'Homme et des Peuples

- Revue des droits de l'homme-N°11, 11/2017. Disponible sur journals.openedition.org.

- La Revue des droits de l'homme « Recevabilité des communications par la Commission africaine des droits de l'homme et des Peuples » Nisrine Eba Nguema

- Revue de KABEYA ILUNGA Noël « De l'OUA à l'Union Africaine : évolution, limites et défis de la protection des droits de l'homme en Afrique »

- Revue de Kamara (Mactar), « La promotion et la protection des droits fondamentaux dans le cadre de la Charte africaine des droits de l'homme et des peuples et du protocole facultatif additionnel de juin 1998 », in Revue trimestrielle des droits de l'homme, 63 (1erjuillet 2005),

- Guide Cour africaine, 308 pages

WEBOGRAPHIE

- https://blogs.unicef.org/fr/blog/les-enfants-africains-dans-les-conflits-et-les-crises

- https://jfaki.blog/wpcontent/uploads/2017/12/DH-AFRIQUE-RECUEIL-DE-DOCUMENTS.pdf

https://www.elysee.fr/la-presidence/la-declaration-des-droits-de-l-homme-et-du-citoyen#

- http://www.nouvelle-europe.eu/d-o-viennent-les-droits-de-l-homme

- https://www.ohchr.org/sites/default/files/Documents/Publications/FactSheet19fr.pdf

- https://www.un.org/africarenewal/fr/magazine/juillet-2004/plus-grande-priorit%C3%A9-aux-droits-de-lhomme

Sigles et abréviations

- CADBE : Charte africaine des droits et du bien-être de l'enfant.
- CADHP : Charte africaine des droits de l'homme et des peuples
- CAEDBE : Le Comité Africain d'Experts sur les Droits et le Bien-être de L'Enfant
- CAJDH : Cour africaine de justice et des droits de l'homme
- CAO : La Communauté de l'Afrique orientale
- CEDEAO : La Communauté économique des États de l'Afrique de l'Ouest ;
- CEMAC Communauté économique et monétaire de l'Afrique centrale ;
- CJC : Cour de Justice de la Communauté
- CJAO : Cour de Justice de l'Afrique orientale
- CrEDH : Cour européenne des droits de l'homme ;
- Commission ADHP : Commission africaine des droits de l'homme et des peuples ;
- Cour AFDHP : Cour africaine des droits de l'homme et des peuples
- CPI : Cour pénale internationale
- DUDH : Déclaration universelle des droits de l'homme
- FIDH : Fédération internationale des ligues des droits de l'homme
- ONG : Organisation non gouvernementales

- ONU : Organisation des nations unies
- OUA : Organisation de l'union africaine
- PIRDCP : le Pacte international relatif aux droits civils et politiques
- PIRDESC : Pacte international relatif aux droits économiques, sociaux et culturels
- UA : l'Union africaine

Table des matières

Structures éditoriales du groupe L'Harmattan

L'Harmattan Italie
Via degli Artisti, 15
10124 Torino
harmattan.italia@gmail.com

L'Harmattan Hongrie
Kossuth l. u. 14-16.
1053 Budapest
harmattan@harmattan.hu

L'Harmattan Sénégal
10 VDN SICAP AMITIE 3
BP 45034 Dakar-Fann
direction@senharmattan.com

L'Harmattan Cameroun
Tsinga/Derrière polyclinique FECAFOOT
BP 11486 Yaoundé
Jacques.koukam@harmattan.fr

L'Harmattan Burkina Faso
Villa 281, secteur 23 623, rue 14.32
Ouagadougou
zagbie@outlook.fr

L'Harmattan Guinée
Almamya, rue KA 028 OKB Agency
BP 3470 Conakry
harmattanguinee@yahoo.fr

L'Harmattan RDC
185, avenue Nyangwe
Commune de Lingwala – Kinshasa
matangilamusadila@yahoo.fr

L'Harmattan Congo
219, avenue Nelson Mandela
BP 2874 Brazzaville
deunovmikhael@gmail.com

L'Harmattan Mali
Immeuble Mgr Jean Marie Cissé
Aci Hamadallaye
BP 145 Bamako
syllaka@yahoo.fr

L'Harmattan Togo
Djidjole – Maison Amela
face EPP BATOME
02 BP 20680 Lomé
didieramela11@gmail.com

L'Harmattan Côte d'Ivoire
Résidence Karl – Cité des Arts
Abidjan-Cocody
03 BP 1588 Abidjan
harmattan.ivoire@gmail.com

L'Harmattan Bénin
Rue 604, (Immeuble à l'entrée
de la rue UCAO- Cite de Saint-Jean)
Cotonou
stepcorpus@gmail.com

Nos librairies en France

Librairie internationale
16, rue des Écoles
75005 Paris
librairie.internationale@harmattan.fr
01 40 46 79 11
www.librairieharmattan.com

Librairie des savoirs
21, rue des Écoles
75005 Paris
librairie.sh@harmattan.fr
01 46 34 13 71
www.librairieharmattansh.com

www.ingramcontent.com/pod-product-compliance
Lightning Source LLC
LaVergne TN
LVHW051630071026
849535LV00009BA/3524
* 9 7 8 2 3 3 6 5 3 0 8 6 4 *